나는 개성공단으로 출근합니다

이 책은 '2019 NEW BOOK 프로젝트-협성문화재단이
당신의 책을 만들어드립니다.' 선정작입니다.

나는 개성공단으로 출근합니다

개성에서 보낸 봄.여름.가을.겨울 이야기.
그리고 다시 봄을 함께 보내고 싶었던,
그곳 사람들을 기억하다.

김민주 지음

산지니

2016년의 그리 특별할 것 없는 설날 연휴의 마지막 날이었다.

새벽 출근의 추운 바람에 발이 얼어 터지겠다고, 얼굴이 꽝꽝 언다고, 북한 성원*들은 털신을 사줄 수 없겠냐고 계속 얘기했다. 지하철 2호선 왕십리 역에서 저렴하게 털신을 파는 곳을 우연히 발견해 신이 난 나는, 작은 종이에 적어 온 사이즈에 맞춰 한 켤레씩 고르고 값을 치렀다. 양손 가득 털신을 들고, 내일 털신을 받고 다들 얼마나 즐거워할까 신나하던 도중, 그 연락을 받았다.

"개성공단 전면 중단"

실감이 나질 않았다. '내일 개성에 가지 못하게 되는 걸까? 진짜일까 맞는 걸까? 왜 아무도 연락이 안 오지?' 어디로 연락을 할지도 모른 채 지인들을 통해 상황을 알아보던 중, 자

* 성원: 직원의 개념. 북한에서는 직원을 성원이라고 불렀다.

국의 상황을 남한 사람인 나보다도 모르던 성원들이 생각났다. '아직 2월이라 추운데 내일 아침 현관에서 또 떨면서 기다리겠구나….' 어떻게 연락을 해야 하나 걱정이 되었다.

"점장 선생, 남쪽에 가요. 이제 들어올 생각 말고, 고생하지 말아요. 그냥 신랑 옆에서 아이 낳고 행복하게 살아요."

얼마 전 우리 식당 성원인 숙이가 조장이 없는 틈에 이렇게 말했다. 그 옆에서 정이는 "점장 선생이랑 헤어질 생각 하니 난 왜 이렇게 눈물이 날까" 하며 눈물을 훔쳤었다. 우리에게 아직은 시간이 더 있겠지 하고 생각했는데, 이렇게 이를 줄은 몰랐고 이별은 어느 시인의 말마따나 갑작스럽고 뜻밖의 일이 되어서 머리가 멍했다. 휴전선 너머 내 일터는 북한 군인들이 장악했다는데 남한 사람과 일했던 우리 성원들에게 별일은 없을지 걱정이 되었다.

식당 급식에 메뉴로 나온 스파게티의 토마토소스가 무슨 맛이 있냐며 김치 국물에 비벼 먹고, 풀떼기는 왜 먹냐며 샐러드는 안 먹고, 감자는 쳐다보기도 싫다며 손도 안 대고, 달걀프라이 하나에 다 같이 투쟁(?)하던 북한 성원들. 결혼 직전 급하게 다이어트를 하며 살을 빼던 내게 "그렇게 밥 굶다 죽어요!!"라며 진심으로 걱정해주던 그들의 모습이 떠올랐다. 우리 성원 중 임신했던 향이를 일찍 출산휴가 보내고 이렇게 일이 터져 차라리 다행이라 생각했다.

평수가 넓어지고 좁아짐에 따라 월세 금액에 차이가 나는 것을 알지 못했다던 북한세관은 이제 그 차이를 알게 되었다고 했다. 노동자들의 노동하는 시간에 따라 보수가 많아지고 적어지는 개념을 이해하게 되었으며, 개성 공장에서 일하고 월급 외 로보*로 받은 남한 물품을 장마당에 내어 팔아 전국으로 남한 물품을 돌게 만들고, 북한에서 듣고 배운 것과 달리 남한에도 자신들과 똑같은 사람들이 있다는 걸 알아가던 북한 사람들은 지금 무슨 생각을 하고 있을까?

연휴가 끝나면 함께 먹으려 했던 개성의 내 사무실 책상 위의 사과와 과자들. 그리고 숙소의 옷가지와 물품들, 그리고 냉장고 속 식재료들. 아무것도 가지고 나오지 못한 채, 이제 우리는 어쩌냐며 허탈해하던 개성에 일자리를 두고 온 남한 사람들과 함께 어찌할 바를 모르던 2016년 이른 봄날의 기억이다.

이 이야기는 개성에서의 봄, 여름, 가을, 겨울, 그리고 다시 봄을 함께 보내고 싶었던, 내가 만난 사람들에 대한 이야기이다.

---

* 로보: 노력보수. 남한 물품을 30~50달러씩 북측 노동자들에게 직접 지급한다. 품목은 회사별로 다양하나 보통 피존, 식용유, 샴푸, 바디클렌저 등이고, 아기가 있는 경우에는 분유를 받아 가기도 했다.

차례

2장 개성에서 겪은 여름

3장 개성에서 보낸 가을

4장 개성에서 만난 겨울

일러두기

책에 나오는 북한 인물들은 가명을 사용하였습니다.

1장

개성에서 느낀 봄

개성으로 들어가던 날

2015년 봄, 나는 지금은 사라져버린 DCF라는 급식업체에 취업했다. 졸업 후 통일 관련 직업을 찾다가 검색어에 '북한+영양'을 넣고 엔터를 누르자 황해남도 개성지점에서 근무할 영양사를 찾는다는 구인 공고가 떴다. 그날 당장 입사원서를 작성하고 다음 날 면접을 봤다. 회사는 금강산에서도, 개성에서도 급식사업을 하던 곳이라고 했다. 금강산 관광 중단 후 대부분의 지점이 문을 닫고 휴전선 이북에는 개성지점 하나가 남아 있는데, 사람이 자주 그만둔다고, 젊은 사람이 버틸 수 있겠냐고도 물어봤다. 최선을 다하겠다고 듬직하게 대답하며, 속으로는 '당연하죠!! 제가 이날을 위해 영양학을 공부했습니다!!'라고 쾌재를 불렀다. 면접 후 바로 연락이 왔다. 결과는 합격. 간단히 1시간 정도 인수인계와 통일교육원에서 하는 온라인 방북교육을 받고 짐을 쌌다.

개성에 들어가기로 한 전날 밤, '휴전선을 넘는다니… 진짜? 북한에 가는 거야?' 하며 눈물을 펑펑 흘리며 이불을 뒤집어쓰고 겁이 나서 울었다. 면접까지는 멋지고 당당하게 보고, 페이스북에는 세상에 없을 평화의 일꾼처럼 써놓고 정작 나는 잔뜩 졸아 있었다. 주변엔 북한에 가본 사람도 없었고, 나 또한 중학생 시절 가족들과 함께 다녀온 금강산 관광여행이 전부였다. 그때도 북한 안내원 아저씨가, "남측에서는 우리 북한 사람들 도깨비 뿔난 사람으로 가르치지?" 하며 웃었다. 우리 가족을 접대하던 북한 안내양 언니가 화장실에서 우정의 글귀를 써주고 싶다고 하는 걸 아빠가 불러서 가야 한다고 얼른 나왔던 기억이 난다. 뛰어가면서도 저 북한 안내양 언니가 나에게 북한사상을 심어주려고 저러나 싶어 사실 좀 겁이 났었다. 지금 생각해보면 그냥 남한 동생 만난 것이 반갑고 좋은 순수한 북한 아가씨였다. 그래도 그때는 가족과 함께여서 두려움보다 호기심이 더 컸었다.

이번엔 정말 혼자였다. 별별 생각이 다 들면서도, 가보고는 싶고 지금이 아니면 언제 가볼 수 있을까 하는 마음이 동시에 들었다. 무서우면 가지 말라는 부모님, 남자친구(지금의 신랑)의 만류에도, 그래도 가서 그들과 일해보고 싶었다. 흡사 독립운동하러 떠나듯 짐을 바리바리 싸 들고 안국동 현대사옥 골목으로 갔다. 주 6일 매일 같은 시간(6시 40분)에 대기하고 있던, 하루에 1대밖에 없던 대화관광 버스를 타고 북쪽으로

대화 관광

향했다.

시험을 준비하듯, 북한에서 주의해야 하는 사항들을 또박또박 적어서 외우고, 외우고, 또 외웠다.

"휴대폰 반입금지! 노트북, USB는 내용물 확인하는 절차 있음. 가면 북한, 남한이라는 단어 사용 금지! 대신 남측, 북측이라는 말을 써야 함."

파주 도라산 출입사무소에 다다르기 전 버스는 한 번 정차했다. 군인이 버스에 탑승해 한 명씩 출입증, 북한방문증명서와 주민번호 앞자리를 일일이 무전기로 부르며 확인했고, 절차가 끝나면 버스는 도라산 출입사무소 현관 앞에 우리를 내려주었다. 흡사 외국 여행 갈 때처럼 남한 세관을 지나고, 엑스레이로 짐을 검사하는 과정을 다 거치고 나서야 비로소 다시 반대쪽에서 차량 검사를 마치고 온 대화관광 버스를 탔다. 정해진 시간에 맞춰 휴전선 이남까지는 남한 군인이, 휴전선 이북부터는 북한 군인이 버스 앞에서 호위를 하며 우리를 데리고 갔다. 중간 지점엔 늘 UN군 지프차가 정차되어 있었다. 자동차가 있는 사람들은 북한에 차량을 등록해 자차로 오고 갈 수 있었지만, 대부분의 경우 대화관광 버스를 이용했다. 내가 있는 1여 년 동안 그 버스의 좌석이 다 차는 일은 거의 없었다.

휴전선 앞에서 버스를 호위하던 북한 군인의 차는 어찌나 쌩하고 달리던지. 그렇게 우리를 북한 CIQ(Customs,

Immigration, Quarantine, 세관 검사, 출입국 관리, 검역)로 데리고 가면 운전자 외에 탑승자는 모두 북한세관의 짐 검사를 받아야 했다. 성별에 따라 여자는 여자 줄, 남자는 남자 줄에서 짐을 검사받고, 문제가 없으면 통과해 다시 북한에서 차량 검사를 마친 버스를 타고 개성공단 안으로 출발한다.

개성공단 초기에는 북한의 남성 세관원이 남한 여직원들의 짐을 속속들이 검사했는데, 여성용품이며 개인물품 등 개성에서 생활할 필수품들이 노출이 되어 불편하다고 항의를 했다. 그러자 북한정부에서 몇 년 후 여자 세관원들을 보내 그나마 여성의 짐은 여성 세관원이, 남성의 짐은 남성 세관원이 검사하게 되었다고 했다. 여성 세관원들은 깔끔하게 세관복을 입은 모습이 남한 세관직원들과 똑같지만, 단팥빵이 서너 개쯤 들어갈 것 같은 큰 모자를 어깨까지 오는 구불구불한 파마머리 위에 걸쳐 쓰고 껌을 씹으며 어려 보이는 사람에게는 반말을 섞어 하는 점은 좀 달랐다. "여긴 어떻게 왔나? 결혼은 했나? 이름은 뭔가? 가족은 있나?" 하며 꼼꼼하게 짐을 살피던 그 모습들이 기억난다. 짐 검사 후 다시 버스를 타고 개성공단 안에서 가장 크고 높은 건물, 종합지원센터로 들어갔다. 남한의 여느 건물과 조금도 다르지 않았던 건물의 1층엔 CU마트, 아리따움 면세점, 우리은행과 안내소가 있었다.

에스컬레이터를 타고 2층 식당으로 들어가 북한 성원들과 맨 처음 만났던 날, 그녀들은 나를 동그랗게 둘러싸고 여러 가지 질문을 했다. 그중 나이가 몇이냐는 질문에 선임 영양사님이 재빨리 대신 대답했다.

"새로 오신 점장님은 마흔둘이에요."

당시 나의 나이가 북한 나이로 29살이었다. 놀라 어버버 하는 사이, 북한 직원들은 어떻게 피부가 그렇게 좋냐며, 38살로밖에 안 보인다며 42살은 말도 안 된다 했지만 더 질문이 들어오기 전 선임 영양사의 눈짓에 조용히 사무실로 들어가 문을 닫았다.

"여기서는 나이 어리면 조장이 점장님 잡아먹으려고 할 거예요. 조장이 마흔하나라 마흔둘이라고 말한 거니까 이해해요."

"제가 아직 여기 나이로 스물아홉인데 좀 차이가 크지 않나요? 안 믿을 거 같은데…."

"괜찮아요. 처음엔 저래도, 남한 화장품 좋다고 자꾸 말하고 마흔둘이라고 하면 저 사람들 순진해서, 다 믿어요."

"네 알겠습니다."

그 후로부터 두어 번 마흔둘이 맞냐고 물어보아 그렇다고 했더니, 그렇구나 하고 오히려 자기들끼리 남한 화장품이 좋다고, 남한 여자들은 수술 안 한 사람이 없다고 웃으며 얘기했다. 내가 "남측 사람 중에 수술 안 한 사람도 많은데요?"라고 말해도, 이들은 텔레비전에서 다 봤다며 남한 사람들 얼굴은 다 자기 얼굴이 아니란다. 자꾸만 나의 조국(?)을 깎아내

리는 소리에 슬슬 부아가 나 이번에는 내가 "북측* 분들도 수술하고 그러지 않나요?" 하고 물으니, 절대 아니라고 했다. 부모님 주신 몸을 어찌 함부로 바꿀 수가 있냐며 자기들은 절대 그런 일이 없다고 한다. 말투가 어찌나 단호한지 아주 요샛말로 단호박이다.

그런데 한눈에 딱 봐도 직원 7명 중 3명은 불법 쌍커풀 시술을 했다. 다만 짝짝이로 된 것이 눈에 띈다. 아무리 봐도 불법 시술의 흔적이다. 그래서 우리는 절대 성형하지 않는다는 짝눈의 직원을 물끄러미 바라보니 그녀의 얼굴이 화악 붉어지며 눈을 피한다. 나는 더 말하지 않고 "알았어요" 하고 대답했다. 아직은 함께 알아가는 중이니 사소한 것으로 문제를 만들지 않기 위해 조용히 사무실로 돌아왔다.

---

* 북측: 북한의 북쪽식 표현. 북한 사람들은 북한이라는 단어에 이질감을 느꼈고, 북측이라고 부르길 요구했다. 대화 속에서 북한을 북측, 남한을 남측이라 표현했다.

북한 가요, 심장에 남는 사람

개성 급식소에서 근무한 첫 주. 남한에서 생물 꽁치를 들여와 구워 저녁 급식에 냈다. 그런데 남한 손님 중 한 명이 나를 확 째려보며 "난 캔 꽁치만 먹는데. 생 꽁치는 못 먹는데" 하며 소리를 질렀다. 북한 성원들도 눈이 땡그래지고, 나도 당황스러워서 얼굴이 벌겋게 됐다. 여기까지 와서 음식타령이냐고 말하고 싶었지만, "그러세요? 다음엔 캔 꽁치도 준비해 드릴게요" 하고 웃으며 말하고는 6층 남측 공동위원회로 올라갔다.

통일부 근무시절 함께 방을 썼던 직원 분들이 개성에 계셔서 평양식당에서 저녁식사를 하기로 했기 때문이다. 아는 얼굴들을 만나자마자 눈물이 펑펑 나왔다.

"꽁… 꽁치가… 싫…다고… 엉엉… 캔 꽁치를… 엉엉… 왜 안 주냐고… 소리를 막… 엉엉" 하며 서럽게 울자 휴지를 뽑아 주시며 "아이고~" 하셨다. 북한에 와서 일하면 마음도 단단해지고 굉장히 어른스런 평화의 일꾼이 자동으로 될 줄 알았는데, 그냥 집 떠나 가족 떠나 타지에서 외롭게 일하는 한국말 쓰는 외국인 노동자였다.(심지어 전화도 국제전화다.)

사실 꽁치 때문만도 아니었다. 가족도 친구도 없는 이곳에서 그들이 보고 싶고 내 편 들어줄 소중한 사람들이 그리웠기 때문이다. 얼마간 서럽게 울고 자리를 옮겨 평양식당으로 이동했다. 이때 랭천사이다를 한잔하며 들었던 노래가 '심장에 남는 사람'이라는 유명한 노래였다. 노랫말이 "헤어진대도 헤어진대도 심장 속에 남는 이 있~네 아 그런 사람 나는 못 잊어"라는 북한 가요다. 나는 지금은 헤어져 있지만 주말에 만날 가족들과 사랑하는 친구들을 생각하며 이 가사가 마음에 훅 들어왔는데, 나중에 보니 식당 성원들도 흥얼흥얼, 북한 세관원도 세금 확인증을 써주며 이 노래를 흥얼거린다.

처음에는 연애노래인 줄 알았다. 남한가요야 남녀 간의 사랑노래가 거의 대부분이고, 가끔씩 가족에 대한 노래가 있지만 개성에서 불리는 대부분의 노래가 이곳에서 위대하다고 하는 그분들에 대한 찬양이었기 때문이다. 남한에서 북한 노래를 들을 수 있는지 궁금해서 찾아보니 2006년 4월 30일 자로 북한의 저작권 사무국에서는 이 '심장에 남는 사람'을 포함한 10곡을 남북경제문화협력재단에 위임해 남한에서 들을 수 있게 했다고 한다. 물론 남한에 살던 나는 들어본 적도 궁금해해본 적도 없다. 북한 노래를 듣고, 궁금해하고, 알고 싶어 한다는 것이 뭔가 잘못된 것같이 느껴졌다.

60년대에 국민학교를 다니셨던 부모님뿐 아니라 80년대 태어난 나도 방학 때 과제물로 반공만화를 읽고 독후감을 쓴 세대다. 지금은 제목도 기억이 나지 않지만, 주인공인 남한 소년이 투명인간이 되어 북한 지도자의 전용 기차도 타고, 북한 주민들이 고생하는 모습과 북한 군인들의 악독한 모습을 보는 내용이었는데, 읽으며 참 주민들이 가엾다고 생각했다. 하지만 실제로 가서 생활해보니 그 만화의 내용과 다른 모습이 많았다. 만화에서는 북한 사람들의 처절하게 억눌린 모습을 다뤘는데, 실제로는 사상 교육을 받은 티가 철저한, 도대체 무엇이 진심인지 도저히 모르겠는 자부심이 겉으로나마 둘러져 있었다. 아마도 남한 사람과 함께 일해야 하는 개성공단이라는 특수성 때문에 더 그렇지 않았을까 추측한다.

그들의 자랑은 주로 무료 병원, 결혼하면 나라에서 집을 준다는 것, 그리고 아이들을 낳으면 나라에서 기저귀부터 분유까지 다 나온다, 라는 것들이었다. 그리고 본인들은 정말 행복하다고 했다. 남한은 살기가 너무 힘들지 않냐고 하면서. 걱정하는 투가 아니라 자랑하는 투다. '우리는 이렇게 지상낙원에 산다고.' 그러면 나는 그냥 웃고 만다. 사실 대학원 때 북한 영양 관련 논문을 작성하며 무수히 찾아본 자료들을 통해 그들이 자랑하는 무료 병원에는 기본적인 의약품도 제대로 갖춰져 있지 않은 곳이 많고, 그 치료의 수준이라는 것이 남한의 발달된 의학기술과는 비교조차 불가할 정도로 낙후되어 있음을 확인했다. 또 치료를 받을 수 있다고 한들 제대로 받을 수 있는 것은 인민 중 소수이다. 약이 없어 세계 각국에 약을 지원해 달라고 하거나 실제로 지원받는 사례가 꽤 되는 것을 알고 있는데, 자꾸 체제를 비교·경쟁, 자랑하려는 그들을 보면서 답답했다. 결혼 후 나라에서 주는 집도, 아이들을 위해 나라에서 준다는 물건들도 모두 그 질과 양이 열악한 수준이며, 전체 인민이 받는 것이 가능하지도 않다. 이 모든 것들이 계층별로 차이가 있다는 것을 이미 북한이탈주민 친구들로부터 듣고 갔다. 그래도 여전히 그녀들은 기회가 될 때마다 말했다.

"우리 공화국(북한)에는 불이 나서 온몸에 화상을 입어서 피부가 못 쓰게 된 아이가 있었는데, 수령님의 지시로 몇 년 동안 지속적으로 고쳐 지금은 얼굴을 알아보게 된 아이가 있어요. 남측에는 다 돈이 있어야 되지요? 우리는 나라에서 다 고쳐줬어요."

어느 날 또 체제 자랑하며 성원들이 한 얘기다. 그날은 나도 가만 듣고 있지 않고 답변을 하였다.

"다행이네요. 화상이 치료되어서. 그런데 선생님들, 남측에도 의료보험 제도라는 게 있어서 나라에서 치료 비용을 함께 내주기도 하고, 간단한 치료는 보건소에 가서 무료로 치료하거나 예방주사를 놔주기도 해요. 그리고 개인이 돈이 없어서 치료를 못하는 경우엔 모두 다는 아니지만 그 사람을 위해서 NGO단체나, 방송에서 모금을 해서 치료받게 도와주는 경우도 있어요. 그리고 남한은 450g으로 태어난 조산아도 살려낼 만큼 의료기술이 뛰어나답니다."

돌연 조용해졌다. 돌이켜보면 유치한 싸움이었다. 체제 경쟁이라니. 경쟁도 상대가 되어야 하는 것이다. 사실 시도 때도 없이 그들이 남한보다 우월하다는 소리를 듣고 있자니 부아가 치밀었던 것도 사실이다. 내가 내 조국 대한민국을 얼마나 사랑하는데. 내 사랑하는 사람들이 모두 저기 있는데. 하지만 돌이켜보면 그녀들의 공화국 자랑은 꼭 북한 사람들이 있을 때만 했다. 북한에 대한 자부심, 지도자에 대한 자랑과 존경을 표할 때는 꼭 다른 사람들이 있을 때 한다. 조장 없을 때나, 특히 혼자 있을 때는 체제에 대한 이야기는 거의 하지 않는다. 아이 얘기, 남편 얘기 등 가정 얘기들을 한다. 그리고 내게 꼭 물어본다. 가족이 보고 싶지 않냐고, 혼자 고향 떠나 타지에 나왔으니 가족들이 얼마나 보고 싶겠냐고. 감시하는 사람이 있을 때는 절대 나오지 않는 말들이었다.

지금도 나는 GDP가 낮은 것보다 하고 싶은 말을 할 자유가 없는 것, 그리 자랑스럽지 않은 것들을 진심이 가득한 표정으로 자랑해야 하는 그들의 모습이 이해되지 않는다. 여름,

가을, 겨울 계절이 지날수록 그들의 자랑은 옅어졌고, 조장도 당성이 좀 떨어졌는지(?) 남한에도 이런 요리가 있나? 저런 요리가 있나? 하고 물어보곤 했다. 물론, 계절이 아무리 흘러도 서로 입 밖에 내지 않는 이야기는 여전했다. 체제, 남한의 경제적 우위, 그리고 자유. 그랬다. 아무리 시간이 흘러도 자유에 관한 이야기는 할 수 없었다.

그분들 얼굴이 그려진 휘장?
태극기가 그려진 배지?

4월의 어느 날, 북한의 태양절* 무렵 북한 성원들이 단체로 가슴에 배지를 달고 왔다. 그 모습을 보고, '배지를 달고 있네요' 했다가 난리가 났다.

"우리 수령님, 장군님이시라요. 그분들을 심장 가까운 곳에 모시는 거라요. 휘장이라 부르라요."

성원들 맨 앞에서 매섭게 몰아붙이던 조장은 한 일화도 덧붙였다. 옛날 어느 집에 부모가 없는데 아궁이에 불이 옮겨 붙어 아이들만 있는 집에 불이 났다고 한다. 아이가 불길 속을 헤치고 들어가 연기를 마시고 살이 그을리면서도 수령님 영전(?)을 모시고 나왔는데, 안타깝게도 아이는 결국 죽었지만 수령님 영전만은 무사했다고 했다. 나는 이 일화에서 도대

* 태양절: 4월 15일로, 김일성의 생일이다.

체 어떤 교훈을 찾아야 하는 것인지 알 수가 없었다. 아이가 가엾다고 하니 그런 것이 아니라고 한다. 북한 사람들은 수령님의 영전을 위해 목숨을 바친 것이 영광이니, 자랑스러워한다고 했다. 여전히 이해가 되지 않아 말을 덧붙여본다.

"그래도 아이 부모가 얼마나 가슴이 아프겠어요."

다들 꿀 먹은 벙어리가 되어 5초간 아무 말 하지 못했다. 아마 생각했던 반응이 아니었나 보다. 눈만 꿈뻑꿈뻑 하던 그녀들과 나 사이의 정적을 깬 것은 또 다른 북한 성원이었다. 부모도 자랑스러워한다고 했다. 가문의 영광으로 여기고, 당도 충성심을 높이 사 집에 선물도 내려온다고 했다. 이쯤 되면 더 이상의 대화는 무의미하게 느껴진다. 그만 대화를 끝내자는 의미에서 '네~ 알겠습니다' 하고 말았다.

하지만 그 짧은 침묵이 진실을 말해줬다고 생각한다. 무엇보다 대부분 엄마니까. 가끔씩 꺼내는 자식 이야기에 얼마나 끔찍하게 자식들을 생각하는지 느껴진다. 함께 있을 때 목소리가 높아지며 체제를 자랑하는 당성은 흩어지면 절대 들리지 않는 이야기다.

휘장 얘기로 돌아가니, 또다시 언성이 높아진다. 서로 쓰는 언어가 다르고 북한에 대한 이해가 부족해 큰소리 나지 않아도 될 일에 큰소리가 났다 싶었다. 사실 더 깊은 진심은 '똥 밟았다' 생각했다. 어쩌라고. 나는 박정희를 박정희, 김대중을 김대중이라고 말해도 되는 자유대한민국에서 살다 왔는데. 그러다 문득 '아, 70년대에 우리나라도 비슷했겠다' 싶었다. 택시에서 대통령 정책의 문제점을 지적한 대학교수를 바로 파출소로 끌고 가 신고했다던 그 시대. 사상과 정치적 색깔이 시민에게 폭력이 되고, 억압이 되었던 그때. 그렇게 생각하면 그분들이 그려진 휘장에 대한 그들의 충성도가 조금은 이해가 되기도 했다.

그 대단히 소중해 심장에 모시는 분들 배지를 '휘장'이라고 부르는데, 북한 사람들은 정장이나 깔끔한 옷차림, 더러워질 예정이 없는 작업복 왼쪽 가슴에 붉은 배지를 하나씩 달고 다녔다. 아마 뉴스나 북한 영상의 북한 사람에게서 매번 나왔기에 한 번은 본 적이 있을지도 모르겠다. 자세히 보면 김일성과 김정일의 얼굴이 그려져 있다. 크기는 2×4cm만 한 것이나 1×1cm만 한 것이 있다. 크고 화려할수록 더 가치 있는 것이라고 한다.

훗날 개성을 나와 남한에서 만난 한 북한이탈주민 친구가 말해주길, 탈북할 때 중국으로 넘어가면서 휘장을 버렸어야 했는데, 몇십 년 신처럼 떠받들던 얼굴들을 흙바닥에 버릴 수가 없어 두 손으로 물에 떠내려 보내드렸(?)다고 했다.

그들에게 소중하고 특별한 그분들의 얼굴이 배지로만 있는 것은 아니다. 북한 세무서에 가면 벽 중앙에는 사진과 거의 흡사하게 그려놓은 김일성과 김정일의 얼굴이 내려다보고 있는 액자가 있다. 치아를 드러내며 웃고 있다. 어렸을 적 시골에 가면 할아버지의 초상화 액자가 그렇게 마루 위 가장 중심되는 곳에 걸려 있었고 나중엔 할머니의 초상화가 그 옆에 나란히 걸렸다. 나는 매달 세금과 임금을 내러 갈 때마다 지폐계수기로 한 번, 손으로 한 번, 금액을 세는 세관원 뒤에 걸린 북한 최고지도자들의 초상화를 물끄러미 보곤 했다. 그럴 때마다 이곳이 그들의 '조선민주주의인민공화국', 남한에서 부르는 '북한'이라는 사실이 새삼스럽게 느껴졌다. 세금을 완납했다는 의미로 영수증에 공화국 정식 명칭이 적힌 도장을 쾅 찍어주면, 그것을 들고 종합지원센터까지 먼 길을 걷거나 혹은 마침 지나가는 남한 사람이 있으면 차를 얻어 타고 사무실로 돌아왔다.

하루는 '오래가는 건전지'에 태극기가 그려져 있었는데, 물품을 운반하는 남한 기사님이 꺼내서 보여주며 '요거 세관원에서 아마 난리 난리 칠 거라서 검정 사인펜으로 쭉 그어서 개성에 가지고 들어왔다'고 했다. 갑자기 마음이 확 상했다. 내 안에 그 정도로 강하게 있는지 몰랐던 애국심이 확 뛰쳐나왔다. 아니 왜 대한민국 국기를 어떻게 검정색 사인펜으로 그으실 수가 있냐고, 말하고 정말로 태극기 모양이 반입이 안 되는지 진위 여부를 파악하기 위해 정부에 비공식적으로 문의했다. 답변에 따르면 공업지구는 북한국기도 남한국기도 없으며, 통일부 등 대한민국 정부 인사들의 방문 시만 나라를 대표하는 의미로 태극기 배지를 가슴에 단다고 했다.

뭔가 괜히 억울한 마음이 들어 또 물어본다.

"그러면 왜 그쪽 수령님 얼굴은 가슴에 달고 다닐 수 있어요?"

"국기가 아니잖아요."

"그럼 저도 대통령 얼굴로 만들어서 달고 다니면 되나요?"

정부 관계자는 그래도 되지만 정말 그러고 싶냐고 웃음 섞인 목소리로 물어본다. 잠시 흥분을 가라앉히고 생각해보니 태극기도 아니고 얼굴 배지로 그렇게 하고 싶지는 않았다. 그래도 개운치 않은 마음이 들어서 주말에 남한에 와서 씩씩대며 예비신랑에게 얘길 했더니, 한참 조용히 듣고 있다가 이렇게 말한다.

"그럼, 내 얼굴을 배지로 만들어 줄 테니까 달고 다녀. 누가 물어보면 심장에 모시는 분이라 그래. 내가 내 얼굴도 A4 사이즈로 사진 뽑아서 액자에 담아 줄 테니 개성 가져가서 사무실에 걸어놔~ 누구냐고 물어보면 심장에 모시는 분이라고 또 그래~"

예비신랑을 심장에 모시는 분으로 만드는 일은 차마 실행하지 못했지만, 언젠가 개성공단에 다시 가거나 북한에 가게 되면 BTS* 배지를 꼭 달고 가고 싶다고 생각했다.

---

* BTS: 방탄소년단

#개성에서 느낀_봄_4

맥심커피는 한국을 싣고, 세관은 검은 봉지를 들고

북한에서 내가 주로 했던 일은 남한에서 개성으로의 물품 반출입 및 북한 성원들 관리였다. 세부적으로는 개성공단 남한 사람들을 위한 구내 급식시설 관리, 북한 공장동 노동자들을 위한 구내 급식시설 관리, 개성공단 5만 여 명의 사람들을 실어 나르는 버스 사업소 구내 급식시설 관리였다. 특히 남한 사람들을 위한 구내 급식시설은 조식, 중식, 석식을 준비했는데, 칠십이 다 되어가는 남한 실장님과 북한 성원 8명이 함께 있었다.

북한 성원들은 식사가 끝나고 휴식하러 갈 때마다 사람 수만큼 봉지커피(이쪽 말로 가락커피라고 알고 계신 북한 분들이 많은데, 개성사람들은 그냥 맥심이라고 불렀다)를 타 간다. 처음에 8명씩 3회, 총 하루 24봉지씩. 꽤 많은 양이다. 북한 성원들에게 이걸 하루에 다 먹냐고 물어보니 물일(부엌일)이 힘들어 안 먹으면 견딜 수가 없다고 매 끼니 꼭 마셔야 한다고 했다. 나는 남한의 본사와 북한 직원들 사이 중간관리자 입장이었고, 금강산에도 큰 급식소를 두었던 본사는 금강산 지점 폐쇄로 이미 큰 손해를 보았던 터라 형편이 어려워 개성지점도 물품비에 대한 압박을 받고 있었다. 커피 값을 월로 따지면 개성에서는 사람을 한 명 더 고용할 수 있는 만만치 않은 액수였다.

북한 직원들에게 남한 급식소에서는 월급 외에 이렇게 생필품이 다달이 나가지 않고 끼니마다 커피를 가져가지도 않는다고 설명을 하자 북한 사람들은 이미 주고 있던 물품을 줄이면 안 된다며 전에는 안 그랬는데 왜 그러냐고 난리가 났다. 중간에서 어떡해야 하나 고민하던 중에, 개성에 계신 남한 분들께 이 문제를 나눴더니 다들 하나같이, 나도, 나도, 하며 이런 문제가 있었다 하며 말해주셨다.

"처음엔 무슨 물건을 그렇게 달라고 한다. 서류 결재판도 사람 수만큼 달라고 하질 않나, 스테이플러 심을 한 달에 5천 개씩 몇 곽을 매달 가져간다. 그만큼 쓸 일이 없는데. 뭐 하나 건수 있으면 그렇게 사람 힘들게까지 물고 늘어져 받아내려고 한다. 처음엔 북한 성원들의 계속된 요구에 스트레스를 받았다. 그런데 어느 날 생각이 좀 바뀐 게, 이렇게 넘겨진 물품들이 여기저기 풀려 북한의 장마당에도 나가고, 남한 물건인 것이 알려지면, 북한 사람들이 남한에 대해 좋게 인식하지 않을까? 그러면 나중에 통일되는 데 더 좋지 않을까? 하고 생각했더니 마음이 많이 좋아졌고, 좀 더 편해졌다."

그 얘기를 듣고 나니 나도 생각이 바뀌었다. 아! 세련되고 맛이 풍부한 남한의 커피가 북한 장마당을 통해 흘러 들어가고, 많은 북한 사람들에게 가게 되면 조금 더 좋은 이미지가 심어지고, 나중에 통일이 되거나 교류가 활발해졌을 때 서로를 이해하는 데 도움이 되지 않을까 하고. 그렇게 생각하니, 차라리 다른 비용을 좀 줄이고 맥심커피는 넉넉하게 지급하는 게 좋겠다 싶었다. 그 이후부터는 활짝 웃으며 먼저 커피를 꺼내 주고는 했는데, 성원들은 내 마음이 왜 달라졌는지는 꿈에도 생각을 못했을 것이다. 흰색 맥심도 안 되고, 아메리카노 맛을 꼭 닮은 카누도 안 되고 오로지 황금빛 노~오란 맥심만 달라고 했다. 이게 최고라고. 아마 동서식품에서는 본인들 회사가 얼마나 남한 자본주의를 북한에 은연중에 전파했는지 모를 거다. 100년도 안 되어 전 세계 여러 나라에 퍼진 커피, 그 풍부한 맛처럼, 모두의 생각도 마음도 평화롭고 풍부해졌으면 좋겠다.

남쪽에서 북쪽으로 식재료가 들어올 때는 반입신고서라는 것을 적는다. 커피를 개인적으로 먹을 거면 따로 반입신고를 하지 않게 되어 있지만, 비품으로 사용할 때는 신고 후 들여온다. 맥심커피에 대한 마음을 편안하게 먹은 후 일부는 쉬는 날 남한의 마트에 가서 저렴하게 사 와 들여오기도 하고, 일부는 반입신고를 하고 들여오기도 했다. 맥심계를 해 한 주에 한 사람씩 몰아주기를 하는 성원들이 일할 때 진짜로 커피를 맛봤으면 해서였다. 내 것으로 산 것이니 회사에서 받은 건 남한 홍보물로 쓰시고, 요건 맛 좀 보시라는 뜻에서다. 다양한 커피도 함께 먹어보자고 스타벅스 원두도 사 와 기계에 내려 먹었는데 한 모금 맛본 성원들은 인상을 확 쓰며 이런 걸 왜 먹냐고 사약 같다고 했다. 이후에 설탕을 세 숟가락쯤 넣고는 먹을 만하다고 했다. 몸에 나쁘다고 설탕을 그만 넣으랬더니, 설탕이 아까워서 그런다고 서운해했다. 그게 아닌데. 백설탕이 몸에 나쁘다고 얘기해도 우리가 먹는 게 아까운 거라고 말했다. 스타벅슨지 스따벅순지 모르겠으니 그냥 맥심이나 달라고 해서 이후 원두커피는 나 혼자 마셨다.

찬 바람이 불 때쯤에야 조장은 "나는 요게 입이 깔끔하고 좋은 거 같애" 하면서 함께 원두커피를 마셨다. 다른 성원들은 여전히 설탕을 가득 넣어 마시곤 했지만, 그래도 최고는 역시 맥심이라며 그 맛을 최고로 여겼다.

개성으로의 물품 반입과 반출 그리고 삼겹살 상납

물품 반입은 여러 가지가 있다. 옷 공장엔 천이 들어가고, 참기름 공장에는 참깨가 들어가고, 솥 공장에는 원자재가 들어가고, 급식소에는 식자재가 들어가는데, 남한에서 발생한 구제역 때문에 국내산 돼지고기도 반입이 불가하고, 또 남한의 AI로 인해 국내산 닭도 반입이 어려웠다. 단체급식 메뉴에 가장 많이 들어가는 주요 식자재 둘을 반입할 수 없게 된 것이다. 그 결과, 역설적이게도 그들의 백년원수* 미국산 돼지고기, 닭고기를 사용해야만 했다. 하지만 수입산 닭은 완전체가 아니었고 사지절단 토막 난 것이라 복날에 급식소에서 흔히 나오는 반계탕도 내질 못했다. 여간 불편하지 않았다.

* 백년원수: 북측 성원들은 철천지원수라는 말보다 백년원수라는 말을 주로 사용했다. 아마 한자이기 때문인 것 같았다.

남한 사람들이 식사하는 식당은 고객이 보통 100명이며, 많아야 150명이 채 되지 않으니 식재료가 고만고만하게 들어오지만, 북한 식당은 공장이 돌아감에 따라 2,500명에서 3,000명 정도가 식사를 한다. 따라서 식자재가 어마어마하게 들어간다. 북한 노동자들은 밥은 집에서 도시락으로 싸 오고 식당에서 국이나 국수를 만들어서 급식으로 낸다. 고명으로는 김가루나 닭고기를 삶아 찢어 올린 것이 조금 들어간다. 닭고기 국을 끓이기도 하고, 만둣국을 끓이기도 했다. 처음으로 급식검수를 하러 북한 공장동 식당에 갔던 날 정말 이건 아니다 싶었다. 큰 냉면 그릇에 닭고기는 30g쯤 들어 있을까 말까 했고 멀건 국은 다시다 맛이 옅게 났다. 만둣국을 끓여줄 때도 있는데 작은 만두 10알이 멀건 다시다 국물에 퐁당 빠져 있었다. 들어온 재료들은 다 어쨌는지, 북한 공장식당 조장은 자기만 열쇠를 차고서는 혼자 관리했고, 심지어 관리자인 나조차도 도끼눈을 뜨고 감시했다.

국그릇 사진을 찍어 다른 북한 사무직 직원에게 아무 설명 없이 어떠냐고 보여주니 뭐 이렇게 음식이 성의가 없냐고 했다. 분명 식재료를 주문한 건 그릇 가득 건더기가 가득 찰 만큼이었다. 가서 시정을 요구해도 그때뿐이고 오히려 '우리 사람들 음식은 우리가 알아서 한다'며 떼로 몰려들어 화를 냈다.

북한 공장동 식당에 들어가는 식재료 양이 꽤 되다 보니 식자재 차량이 들어올 때마다 검사하는 세관들이 김가루 1kg, 만두 1kg씩을 빼갔다. 관련된 법규상으로는 물자의 몇 퍼센트까지는 검사해야 하니 가져갈 수 있다고 하는데, 매일 같은 브랜드의 같은 종목을 가져가는 것은 좀 너무하다 싶었다. 주 3일 오시는 배송 기사님이 배달하며 북한 식당조장에게 "북측 세관이 어제도 엊그제도 김가루를 빼가서 없다"라고 말하면 "그건 개성법상 어쩔 수 없는 것이고, 우리가 알 바 아니니 반드시 한 봉을 채워서 주세요!" 하고 세게 얘기하기도 했다.

어떤 날은 내가 있는 사무실까지 쫓아와서 빠진 만큼 채워주기를 강력하게 요구했다. 그러면 또 그 김 한 봉지, 만두 한 봉지를 위해 발주를 넣고 재신청하는 복잡한 절차를 거쳐야 했다. 매주 한두 번씩 꼭 있는 일이었다. 3월이지만 아직 오리털 점퍼를 입고 다니던 개성의 초봄에, 인수인계를 받는 과정에서 북한 세관원이 찾아왔다. 선임 영양사는 자연스럽게 냉동고 방으로 그들을 안내했고, 그 안에서 세관은 손가락을 다섯 개 폈다. 삼겹살 5kg이란 얘기였다. 비닐봉지에 담아 주니 검정 봉지를 따로 가지고 와 담아서 밖으로 나가자고 했다. 선임은 그 요구를 다 들어주었다.

처음에 이해도 안 되고 불합리하다는 생각에 어떻게 그럴 수가 있냐고 이야기했더니, 안 그러면 다음에 식자재 차량이 들어올 때 문제가 생기는데 식사시간이 지나도록 식재료를 하나하나 다 풀어보고 헤쳐보고 설명하라고 배송기사에게 따지고 꼬투리 잡아 반출입이 불편해진다고 했다. 그래서 계속 이렇게 '상납' 형식이 이루어지는데, 이 또한 식당에 들어온 물건 중 몇 퍼센트는 검역하라고 내주는 법이 있기 때문에 사실 불법은 아니라고 했다.

세상에 삼겹살 삥 뜯는 세관원이라니. 그들은 개성지역 식당마다 자기 구역을 정해 이렇게 삥을 뜯는다고 하는데, 오늘 온 세관원과 같이 방문한 나이 많은 군인은 이런 일들을 부끄러워하는 것처럼 보였다. 꼭 다른 곳, 먼 곳을 쳐다보거나 고개를 돌리기도 하고 뒷짐 지고 밖에 있었다. 다음번엔 삼겹살 외에 북어포를 찾기에 이번 주는 메뉴에 없어 주문하지 않았다고 했다. 돌아오는 주에 올 테니 꼭 준비해두란다. 나이 많은 군인은 빨리 나가자고 손짓하고 역정을 냈다. 그 세관은 매주 월요일 출입을 할 때마다 "장사 잘 됩니까~?" 하고 능글능글하게 웃으며 물어봤다. 이런 사람은 어디에나 있나 보다 하는 생각이 들었다. 어떤 배송 기사님 말로는, "요즘은 검사하는 세관이 식자재 차량들을 일렬로 쭉 세워놓고, 큰 봉지를 들고 다니며 아주 장을 보러 다닌다"라고도 했다.

북어포를 주문받은(?) 그 주, 그 세관은 우리 배송 기사님께 몇 시쯤 북어포를 가지러 오겠다고 말했단다. 북어포 가격을 보니 1kg에 거진 4만 원 돈이었다. 이것을 그냥 주는 것이 마음이 부담스럽고 불편해져서 개성의 선배 상인들에게 문의한 결과, 체크 표를 만들어 서명하게 하라고 했다. 체크 표를 만들면 정당성도 있고, 막 가져가지도 않는다고 했다. 이 조언을 받아들여 회사 이름으로 도장까지 찍어 서류를 만들어 놓고 있자니 아무리 봐도 1kg는 너무 많았다. 1kg를 비닐백에 200g씩 따로따로 담아 세 봉지를 만들어 검은 봉지에 싸두었다. 혹시 세관이 벌써 오고 있지는 않을까 두근두근하면서. 마침 딱 담고 창고에까지 두니 세관원이 왔다.

나는 그 봉지를 들고 가되, 본사에서도 확인이 필요하니 서명을 해달라고 했다. 이곳 사람들은 이름을 알려주거나 서명(이곳 말로는 수표)하는 것을 극도로 싫어한다. 아니나 다를까 세관은 좀 불편한 기색으로 수표를 해주었다. 수표 건이 있고 나서는 1~2주에 한 번꼴로 오던 세관원이 8주에 한 번 정도로 그 빈도가 확연하게 줄어들었다. 이 경험으로 북한에서는 서류를 만들어서 담당자의 이름을 적고 확인하는 것이 매우 중요하구나 하고 생각했다. 지난 몇 년 동안 은근슬쩍 식재료를 챙겨 가던 세관원은, 이 사건 이후 규칙적으로 방문해 서명을 하고 검사(?) 항목으로만 조금의 식재료를 가지고 가게 되었다. 물론 수표 건 이후 더 이상 CIQ에서 나를 보며 환~~하게 웃지는 않았다. 그리고 뒤에 또다시 언급하겠지만, 날짜와 삥 뜯긴 것을 일일이 적어둔 일기를 북한에서(심지어 평양에서 온 검사관들이) 검사하게 되어, 세관이 뒤집혔다고 도대체 누가 일러바친 거냐고 난리였다고 한다. 한바탕 열심히 총화했는지, 이후로는 정말 가끔씩만 찾아왔다. 하지만 트럭 장보기 검수는 여전했다고 한다. 이전과는 다른 모습이라면 웃지 않으며 엄격, 근엄, 진지하게 말이다.

꽃다발과 참사관 아저씨,
그리고 김정철과 에릭 크립튼

주중 개성에서 북한 사람들과 씨름하고 주말에 집에 돌아와서는 정말 죽은 듯이 잠을 잤다. 마음이 편안해서 그런지 남한에서의 고요하고 평안한 주말은 매 시간 분초가 아쉬웠다. 6월 결혼식을 앞두고 예비신랑은 다시 한 번 근사한 꽃을 잔뜩 들고 청혼을 해주었다. 한주 내 보지 못하다 겨우 만난 주말에 선물해준 그 귀한 꽃을 하루만 보고 남한에 그냥 두고 가기가 너무 아쉬워 북한에 들고 들어갔다.

북한 CIQ 입구부터 세관 직원들 한 사람 한 사람, 심지어 그곳의 군인들까지, 곁눈질로 꽃다발을 바라보았다. 심지어 나이 지긋한 세관 직원 중 한 사람은 꽃을 이리 줘보라고 하며, 꽃다발을 품에 안아 들고는 이리저리 살펴보고 아이 같은 얼굴로 향기를 맡기도 했다. 역시 꽃은 어느 곳에서나 사람의 마음을 풍요롭게 만들어주는구나 생각했다. 사무실에 들어와 북한 직원들에게 들으니, 북한에서는 결혼하려고 하면 함께 나무를 보러 가자고 한다고 했다. 나무를 골라 함께 심는다면서. 예전에 우리네 조상님들이 딸아이 시집갈 때 장만할 가구를 위해 나무를 심었다는 전설 같은 말들이 생각났다.

그 봄 예비신랑이 전해줬던 꽃 한 다발은 휴전선을 지나 개성 공업지구로 들어왔고 한동안 급식소 앞에 전시되어 있었다. 식당의 북한 성원들은 관심 없는 체하면서도 이따금씩 내가 보지 않을 때는 꽃을 만져보기도 하고 냄새를 맡고 빙그레 웃기도 했다. 한 주가 지나 꽃은 마르고 시들어갔고, 나는 그 꽃을 쓰레기통에 버렸는데 오후 쉬는 시간에 북한 성원들만 드나들던 세척실에 기계 체크를 하기 위해 들어가 보니 성원 중 누군가가 내가 버린 것을 몰래 가져다 앞치마 사이에 숨겨놓았다. 그녀들의 마음에도 그 꽃은 봄이었구나. 그들에게도 꽃이란 향기롭고 아름다우며 보면 즐겁고 기분이 좋아지는 것이구나 하고 생각했다. 그들의 수령, 장군, 이런 사람들에게 바치는, 아니면 그런 사람들의 형상을 그대로 만들어 놓은 동상에 가져다 바치는 모습들만 생각하다가 앞치마 사이에 숨겨진 시들시들한 꽃을 바라보는 순간, 북한도 남한도 아닌 그저 '그녀' 한 사람이 느껴졌다. 아주 예쁜 꽃다발을 그녀에게 선물해주고 싶었다. 쓰레기통에 들어갔던 시든 꽃이 아닌, 홀로 맘껏 즐길 수 있는 그녀를 위한 아름다운 꽃 한 다발을.

그렇게 화제가 되었던 봄꽃 이야기는 북한 참사관과의 대화에서도 이어졌다. 다리를 약간 절뚝이는 사람이었다. 꽃다발을 본 그는 결혼을 앞두고 공화국에 들어와 어쩌냐며, 신랑은 뭘 하는 사람이냐고 물어 왔다. 당시 신랑은 국방부에서 장교로 근무 중이었다. 하지만 대학원을 휴학 중이기도 했기 때문에, 공부하는 사람이라고 얘기했다. 북한 참사관은 물론 공개된 장소라 가능하겠지만, 남한 사람을 혼자 상대하기도 하고 농담 같은 신소리도 잘하는 분이었다. 연세도 한참 있고, 근무 분야도 나와는 달라 사실 그와 대화를 할 상황은 아니었다. 그럼에도 불구하고 참사관은 내가 UN에서 인턴으로 근무했다는 이야기를 안내실 수희로부터 들었다며 반가워했다. 본인도 UNWFP, 적십자사와 일을 많이 했다면서. 본인이 캄보디아에 참사관으로 갔었다고도 말했다. 나도 학생 시절 여름 방학 때 캄보디아로 여행을 가서 앙코르와트 유적지도 보고 북한의 김태희가 나온다 하여 유명했던 북한 식당(아마도 이름이 평양식당이었던 것 같다)에 들렀던 얘기도 했다.

마침 그와 개성에서 같은 건물에 사무실이 있고, 다니는 길도 비슷해 그 이후 오며 가며 이런저런 이야기를 나누곤 했다. 하루는 그 참사관이 나에게 왜 UNWFP에 들어갔었냐고 물어보았다. 나는 세계에 굶고 있는 사람이 너무 많다고 생각했고, 특히 휴전선 위쪽에 같은 말을 쓰는 사람들이 많이 굶고 있다는 사실이 마음이 아파서 배고픈 사람들에게 식량을 전달하는 일이 하고 싶었다고 말했다. 보통 이런 얘기를 하면 노동자 계급의 북한 사람들은 화를 낸다. 특히 둘 이상 같이 있는 북한 사람들은 아마 소리를 질렀을 것이다. 본인들의 체제에 대한 부정적 내용을 절대 용납하지 않았을 테니까. 분명 다른 사람들은 나에게 이렇게 말했을 거다.

"우리가 굶는 사람이 어딨어요! 우리는 다 잘 먹고 잘 삽니다! 수.령.님.과 장.군.님.의 은혜로 우리는 풍족합니다! 미제의 압제(?)에 신음하는 너희 남한 사람들이나 생각하시오!"

혹시 이분도 그런 격한 반응이 나오면 어떻게 응해야 하는지 살짝 고민하고 있었는데, 이 사람은 혼자 남한 사람인 나와 대화할 수 있을 뿐 아니라 이러한 내용에 대해 화를 내지 않아도 되는 출신성분이었는지 솔직하게 말해주었다.

"그렇지, 우리가 힘든 사람들이 많지."

솔직한 답변에 오히려 당황해하고 있는 나를 보고 꼭 유엔에 가라고 한다.

"왜요?"

참사관의 대답에 오히려 당황한 나머지 물어보았더니 그냥 가서 우리 애들 좀 도와주면 좋을 것 같다며 지긋이 웃었다. 그 일이 있은 얼마 후, 그는 젊은 북한 여직원을 통해 살구 한 봉지를 가져다줬다. 북한에서 난 살구인데 아주 맛있고 달다며. 그러고는 대신 다음번에 올 때 남한에서 나는 것도 가져다 달라고 했다. 그다음 주에 파리바게트 롤 케이크를 남한에서 사 들고 갔는데, 그를 볼 수 없어 그냥 식당 성원들끼리 나눠 먹었다. 성원들은 처음 먹어보는 것이라며 정말 맛있다고 했다. 그녀들의 동그래졌던 눈동자가 생각난다.

참사관은 한참 동안 볼 수 없었다. 사람들 말로는 암에 걸렸다, 수술을 했다 하였는데, 가을 끝자락에 다시 만난 그는 정말 많이 아파 보였다. 흘깃 본 약봉지에는 중국말이 잔뜩 써 있었고, 식사는 흰죽만 가능하다며 나중에 남한에 맛있는 양조간장 한 병만 사다 달라고 웃으며 말해서 그다음 주에 진간장 한 병을 사 들고 가 선물했다. 힘없는 얼굴로 웃던 참사관은 고맙다고 했다.

그다음 주도 참사관은 월요일에 개성에 들어오는 남한 사람들과 인사하려는지 안내실에 있었다. 수희는 남한 사람에게서 선물 받았다는 호두과자를 꺼냈다. 함께 간식을 먹으며 궁금했던 이야기들을 물어봤다. 내가 알고 있는 사람 중에는 그나마 이 참사관이 개성에서 북한 쪽 정부 공무원이고, 평양에서 왔다고도 하고, 외국도 나가봤기 때문에 고위층이라고 생각되어 함께 남북한의 GDP 이야기를 했다. 경제적인 격차에 대해 이야기하고, 병원 시스템에 대해서도 얘기했다. 식당 성원들에게는 하지 못했던 이야기들, 하면 싸우게 되는 이야기들이었다. 객관적으로 남한이 경제적 우위에 있고, 병원 시스템도 좋지 않나, 그런 이야기였다. 그러다 갑자기 한 마디가 훅 들어왔다.

“그래도 남측은 OECD 국가 중에 자살률이 제일 높고 행복 순위는 제일 낮지 않간?”

남한은 불행한 나라라고 했다. 나도 속으로는 '삼대가 독재 세습에 인민들은 굶어죽어서 90년대부터 외국 지원에서 벗어나지 못하고 있고, 다 평등하다고 말하면서도 계층구조는 남한보다 심한 북한보다는 더 낫지 않을까요. 남한은 정 싫으면 이민도 자유잖아요'라고 생각했다. 하지만 이렇게 말하면 어쩐지 잡혀갈(?) 것 같아 차마 말을 내뱉지는 못하고 꼭 경제적인 상황에 따라서 행복이 좌우되진 않겠지만 오히려 많은 기회가 남한에는 있다며 대화를 마무리 지었다.

남한의 자살률이며 행복순위는 어떻게 아는지, 북한은 남한의 안 좋은 뉴스는 정말 열심히도 내보내는구나 싶었다. 식당의 북한 성원들도 세월호 사건이며, 탄핵 같은 이야기를 했었다. 이제 와 생각해보니 북한 사람들은 좋은 소식, 뭐 1등한 소식, 그런 건 아예 모르고, 특히 북한 내의 안 좋은 소식도 전혀 몰랐다. 남한 사람들이 다 아는 북한 소식도 이들은 거의 몰랐다. 가령, 모란봉 악단이 중국에서 공연을 안 하고 돌아간 사건 등은 아예 몰랐다. 북한 소식을 남한 사람인 나에게 물어볼 정도였으니까.

특히 김정은의 형 김정철이 영국에서 에릭 크립튼 공연을 보러 갔던 사건은 정말 조용했다. 이후에 2017년 출간된 태영호 공사의 책 속에 김정철을 61시간 동안 수행한 이야기가 자세히 나왔다. 영국 현지에서 일본기자들에게 사진이 찍히고, 이후에 여러 나라 기자들이 공연장까지 오고, 난리도 아니었다고 했다. 당시 남한에도 연일 뉴스에 나오던 그 소식은 개성의 남한 사람들 숙소의 텔레비전에서 연일 보도되었지만 정작 북한은 고요했다. 매일 인사를 주고받던 안내실 수희에게 물어보았다.

"여기 위원장님 형님이 영국에 공연 보러 가셨던데 혹시 알아요?"

그녀는 당황한 표정을 짓다가 이내 답했다.

"선생님, 여기서 그런 말씀 하시면 큰일 납니다."

이번엔 내가 당황한 표정을 지으니 다시 쐐기를 박았다.

"한 번만 더 그런 이야기 하시면 위에 다 일러줄 겁니다."

"어… 알았어요."

허둥지둥 밖으로 나올 수밖에 없었다. 이렇게까지 정색할 일인가 싶었는데, 나중에 북한이탈주민 친구들에게 들으니 철저하게 당에서 보여주는 대로만 봐야 하는 그곳에서는 위원장에게 형이 있다는 사실도 모르는 사람이 태반이었다. 안다 해도 암묵적으로 공공연하게 말하지 않았으며 특히 외국에 공연 따위(?)를 보러 간 지도자의 형 이야기는 아무래도 더 문제가 될 수 있다고 했다.

이 얘기를 하면서 북한이탈주민 친구는 억울해하기도 하고 화도 냈다. 남한에 와보니 정말 너무 모르고 살았다고. 당에서 얘기하는 대로만 듣고 생각했다고. 중국에서 살 때 인터넷으로 북한에 대한 남한뉴스를 보고 정말 너무 억울하고 화가 나서 힘들었다고 했다. 이후 2019년 대학의 한 강연장에서 태영호 전 북한공사를 만났다. 책에 사인을 받으며 영국에 김정철이 방문했을 때 나는 개성에서 일하고 있었다고 했더니 깜짝 놀랐다. 같은 사건을 남한 사람이 북한에서 겪고, 북한 사람이 영국에서 겪었던 신기한 경험이었다.

2015년 당시, 개성 노동자들은 조용했다. 아무 일도 없었다. 그들의 1년 치 월급보다 많은 돈이 에릭 크립튼 공연 좌석을 예매하는 데 쓰여졌다는 사실을 아무도 그들에게 말해주지 않았다. 그렇게 일 년 내내 미싱을 돌리고 수고한 대가가 앉지도 않을 좌석에 쓰였다. 그리고 나는 알지만 말하지 못했고, 그분들은 했지만 말하지 않았다. 그렇게 '그들'은 아무것도 모른 채 휘장에, 동상에, 초상화에 절하며 그 안에 살았다.

급식소의 남은 반찬들과 음식물 쓰레기는 왜?

오후 1시 30분. 아침 일찍부터 조식을 준비하고, 11:30~13:00까지의 중식을 처리한 북한 성원들이 쉬는 시간이다. 나는 보통 주방 안쪽에 위치한 작은 사무실 안에서 행정업무를 했다. 이 사무실은 중요한 서류나 돈이 있는, 점장인 나만의 공간이었다. 옆방은 창고로, 실온에 보관하는 식품들, 예를 들어 뜯지 않은 멸치, 고추장, 된장, 북어포 등이 보관되어 있었다. 주방 밖에는 세척실이 있었고 이곳은 주로 북한 직원들의 공간이었다. 보통 세척실은 내가 갈 일이 없었다. 사실 워낙 내가 가는 걸 경계하는 그녀들을 위해 일부러 가지 않았고 거리를 두기도 했다.

하루는, 식당에 아무도 없는 쉬는 시간에 자꾸 물이 떨어지는 소리가 세척실에서 났다. 무슨 소리인지 궁금해 세척실의 문을 열고 들어가 봤더니, 입이 떡 벌어진다. 급식에서 남은 반찬, 돈가스나 잼 등, 남은 식품을 한쪽에 켜켜이 쌓아 두고 있었다. 남은 소스는 내가 쓰레기통에 버렸던 탄산수 병에 담겨 있었다. 무생채는 전날부터 있었는지 쉰 냄새까지 느껴졌다.

마음이 아픈 것인지 속이 상한 것인지 모를 감정이 올라왔다. 누군가 내가 버린 것을 주워다 썼다는 사실이 마음이 아팠고, 가끔씩 목이 깔깔한 느낌에 1.5달러의 탄산수를 사 마시던 내 사치스러움(?)에 불편한 기분이 들기도 했다. 남한 사람은 줘도 먹지 않을 저 남은 반찬들을 몰래, 자존심 상하지 않도록 가져가야 했던 그녀들.

남한의 식품위생법은 급식소에서 남은 반찬을 절대 가지고 가지 못하도록 한다. 위생상의 문제와 식중독의 위험이 있기 때문이다. 하지만 그건 남한의 이야기다. 멀건 국에 밥 말아 짠지와 함께 먹는 것이 일상인 이 사람들에게 기름에 튀기고 볶은 냉동탕수육, 튀김만두, 돈가스, 부침개 같은 음식들은 정말 아까운 음식이었을 것이다. 본인들이 먹으려고 한 것도 아니다. 집에 있는 아이들, 부모님에게 먹이려고 씻어도 양념색이 벗겨지지 않는 폐비닐에 음식들을 싸둔 것을 보고, 다 버리라는 말을 도저히 할 수가 없어 그냥 조용히 세척실 문을 닫고 나왔다.

쉬는 시간이 끝나고 내려와 아무렇지도 않게 세척실 문을 닫고 들어가 조장의 지시에 따라 움직이던 그녀들은 얼굴에

피곤한 기색이 역력했다. 새벽 3시에 일어난다고 했다. 일어나 가족이 먹을 밥을 짓고 집을 돌보고 마을에서 한참 걸어 나와 버스 승차장에서 개성공단으로 들어오는 버스를 갈아타고 한참을 서서 오면 6시. 그 시간에 또 모여 총화(조직 생활 참여도 등을 평가하고 반성하면서 교훈을 찾는 활동)를 하고, 7시쯤 내려와 조식을 준비하고, 이후 쉬지 못하고 중식을 준비한다. 점심시간 후 두 시간의 쉬는 시간 동안 뜨거운 물이 콸콸 나오는 개성공단 내 노동자 샤워실에서 집에서 가져온 빨래를, 또 집에서 하기 힘든 샤워를 하고 잠을 좀 자기도 하고 다시 석식을 준비하고 8시쯤 퇴근을 하는 그녀들의 일상.

식당을 나서며 음식물 쓰레기를 모아 쓰레기봉투에 들고 가던 직원과 눈이 마주치니 그녀는 수줍게 웃는다. "집에 돼지가 있어요. 돼지 먹이를 줄라고 그래요." 그 당시에 나는 그래요, 하고 말았지만 이 글 밖에서 나는, 그 무겁고 냄새 나는 음식물 쓰레기를 들고 사람들 사이에서 버스를 타고 가다 내려 마을까지 가는 버스를 갈아타고 그 깜깜한 밤길을 한참 걸어 집에 도착했을 그녀를 생각하니 먹먹한 마음이 든다. 집에 가면 아이들 돌보고 식구들 먹은 그릇을 치워야 한다 했던가, 또 집을 좀 치워야 한다고도 했던 것 같다.

남한에서 보았던 북한 영화 소개 프로그램에 짤막하게 나왔던 북한 어머니의 모성애를 그린 영화가 기억난다. 제목은 기억나지 않는다. 아궁이에서 일하며 식구들을 돌보느라 때를 놓친 끼니를 한 그릇 눌은밥으로 때우다 지쳐 잠든 모습이었다. 2015년을 살아내던 그녀들의 고단함은 내 어머니의 어머니가 겪었을 시절의 고단함과 크게 다르지 않겠구나 싶었다. 하지만 그녀의 나이는 2015년에 23살이었다. 살아 계신다면 100살이 다 되었을 할머니의 23살 적 일상이 내 앞에 이 어린 어머니의 일상이었다.

김밥 한 줄로 느낀 남북의 경제적 차이

개성 급식소는 가끔 주문 음식도 받았다. 한 주는 남한 사람들이 모여 만든 테니스 동호회의 주문으로 개성에서는 귀한 음식인 '김밥'을 말았다. 남한에서 김, 햄, 맛살, 야채 등을 주문했다. 이틀 후 휴전선 너머로 김밥 재료들이 도착했다. 실장 할머니는 새 밥을 지어 참기름과 소금으로 양념하고 북한 직원들과 테이블에 함께 모여 김밥을 쓱쓱 말았다. 내가 지나가며 남한에서는 소풍 가는 날 이렇게 김밥을 싸서 간다고 하니 북한 직원들도 지지 않고 말했다.

"우리도 이런 거 다 싸서 먹고 합니다. 햄도 넣고 맛살도 넣고 우리도 다 먹습니다."

김을 구하기가 힘들다고 알고 있었는데, 그냥 그러냐고 말했다. 혹시라도 또 뭐는 있고 뭐는 없네 하는 논쟁을 피하고 싶었다. 문득, 이분들이 참차 김밥을 먹어보았는지 궁금해졌다. 남한에서 인기 있는 김밥 중 하나인데 알고 있는지 물어보니, 모른다고 했다. 요리법을 알려주고 시범을 보여주니 북한 성원들이 얼굴을 찡그린다. 왜 이렇게 하냐고, 어떻게 김밥에 참치며 마요네즈를 넣을 수 있냐고 한다.

"별 이상한 음식이 다 있습니다."

하지만 참치 김밥을 한 줄 싸 한 입 크기로 잘라 한 명씩 시식을 하니 오물오물 씹으며 말한다.

"이런 맛은 처음입니다~ 괜찮습니다."

다음에는 남한에서 식재료가 들어오면 치즈 김밥이며, 소고기 김밥도 싸보기로 했다. 김밥은 싸면서 또 한 조각씩 먹는 것이 맛이고, 다 같이 만들고 함께 즐기면 그 맛이 더 배가 된다는 생각이 들어 식당에 오는 손님들에게도 추가급식으로 몇 조각씩 맛을 보였다. 김밥을 싸지 않고 설거지를 하던 북한 직원들에게도, 식당의 청소를 전담하던 다른 북한 직원들도 함께 시식했다. 입에 넣어주려고 했더니 흠칫 놀라며 뒤로 쑥 빠진다. 내가 실수했구나 싶어서 나도 한 발 빠졌다 앞에 놓으니 그제야 장갑을 빼고 먹으며 씨익 웃는다. 넉넉하게 준비한 물품으로 주문량을 다 보내고 북한 성원들이 한 줄씩 가져가게 하니 다들 입꼬리가 올라간다. 티 내지 않으려고 바로 정색하긴 했지만, 그래도 마음이 좋았다.

김밥을 마는 도중, 조장 선생이 김발을 꾹꾹 누르며 오랜만에 부드러운 목소리로 묻는다.

"남측에서 김밥 한 줄에 얼마야요?"

한국 돈으로 이~삼천 원 정도 한다고 했더니 다시 묻는다.

"그게 얼마야요?"

"2~3달러 정도요."

조장은 김밥을 말다가 갑자기 멈칫한다. 사실 우리 식당 사람들의 한 달 월급은 기본급과 수당을 합치면 100달러 정도였다. 대략 하루에 4달러 정도 번다는 것인데, 김밥이 2~3달러라니 아마 당황했을 거다. 내 업무 중의 하나가 직원들의 로임(월급)을 계산하는 것인데 작업을 할 때마다 참 여러 가지 생각이 든다. 너무 적은 금액이라고 생각되지만 북한에서 먼저 제시한 금액이고 남한에서는 이렇게 해야 우리 기업들이 제품을 경쟁력 있게 생산할 수 있는 구조라고 들었다. 그러나 노동자들이 저렴한 임금을 받는 대신 남한에서 북한으로 들여온 모든 기계들, 수백에서 수천 혹은 더 나아가 수억 하는 기계들은 남한으로 다시 반출이 불가하다고 한다. 북한 성원들의 100달러의 월급도 사실 온전한 북한 성원의 몫은 아니다. 세금의 명목으로 상당 부분 정부에서 가져간 후 일부만 배급표와 북한 돈으로 지급된다. 이런저런 생각을 하니 너무 속상한 마음이 들었다.

이건 노동착취 수준 아닌가 하고 숙소로 돌아가는 길에 나도 모르게 옆에 계신 남한 분에게 이쪽저쪽 다 정말 너무하다고 얘기를 했는데, 갑자기 그분이 '쉿!' 이러셔서 '아차!' 싶었다. 건너편에 북한 노동자 두 사람이 있었다. 혹시 들었을까 봐 마음이 조마조마했다. 또 코너를 도니 밤늦게 미싱을 돌리다 나온 북한 노동자들이 몰려나오고 있었다. 그들은 집에 가는 버스를 타기 위해 줄을 섰다. 이 밤까지 얼마나 힘들었을까 싶었다. 홈쇼핑 물량을 맞춰야 하는 기간에는 자정 너머까지 미싱을 돌리고, 새벽녘 잠깐 미싱 옆에서 쪽잠을 잔다고 했다. 물량을 대야 하는 기간 동안 한 주 혹은 열흘을 그렇게 일한다고 했다.

그렇게 몇 날 며칠을 돌아간 미싱은 남한 사람들이 입는 좋은 브랜드의 속옷, 화장품, 이불, 신발, 고급 의류 등이 되어서 홈쇼핑으로, 백화점으로 납품된다. '메이드 인 코리아'를 달고서. 지난 십여 년간 남한 사람들은 알게 모르게 그 옷을 입고, 신고, 바르고, 덮고 살아갔다. 개성에서 만들어진 물품이라는 것을 알면 깜짝 놀라겠지. 정작 그것들을 만드는 사람들은 사용해볼 수나 있을까 싶었는데, 놀랍게도 사용한다고 했다. 물론 정상적인 통로로는 아니다. 스타킹 소재로 만든 덧신 양말은 J패션이라는 곳에서 대부분 만들었는데, 북한 여성들은 남한 사람인 나보다도 먼저 그 양말을 신었다. 신으면 발에 꽉 달라붙고 통풍감도 있어서 신을 신어도 불편하지 않고 상쾌했다. 식당 직원이 일이 고되었는지 급식용 장화를 벗고 발을 내어놓고 있을 때 그 양말을 신고 있는 것을 보고 "와 좋다, 북측 거예요?" 하고 물어보았더니, 대답한다.

"그럼요, 공화국 거죠. 우리는 남측 사람들보다 더 기술이 좋고 잘 만듭니다."

그런가 보다 했는데, 그해 남한에서 스타킹 덧신 양말이 유행이라는 것을 주말에만 잠시 집에 오던 나는 뒤늦게 알게 되었다. 처음엔 북한의 양말 만드는 기술이 좋나 보다 하고 있었는데, 알고 보니 개성에서 생산된 물품을 북한 사람들에게 팔지 않으니 그 공장에서 몰래 가져간 것이었다. 개성의 대부분의 공장들에서 꽤 겪고 있는 일들이었다. 나중에 J패션의 호탕한 여사장님을 뵐 기회가 있어 이런 사연이 있었다고 말씀드리니 하하하 웃으시며 말씀하셨다.

"알어요~ 알고말고~ 여기저기 다 찡겨서 가져가지 뭐~ 우리가 스타킹으로 덧신 만드는 기술을 얼마나 날밤을 새가며 개발했는데, 근데 난 맘 다 비웠어요. 우리 양말은 통일 양말이야. 남한 사람 북한 사람 다 신고 전 세계 사람 다 신길 거야."

그 넉넉한 마음에 내 마음도 따뜻함이 꽉 차올랐다. 몇 달 후 여름, 내가 결혼식 하러 남한에 잠깐 다녀온다고 인사드리러 가니, 여사장님은 남한에 가 계시고, 남자사장님이 좋은 것으로 담았다며 시댁 어른들 드리라고 몇 박스나 덧신 양말을 선물해 주셨는데, 그중 일부를 북한 직원들에게 선물했다. 누가 훔쳐온 양말 말고, 북한 거라고 말해야 하는 거 말고 그냥 선물로 제대로 양말을 신었으면 싶었다.

"원래 남쪽에서는 결혼하면 친구들이나 직장 사람들에게

한턱 쏘기도 해요."

좋은 포장 그대로 선물했는데, 조장 앞에서는 절대 좋아하는 내색, 반가운 내색은 하지 않았지만 조장이 표정을 볼 수 없는 뒤에서 성원들은 싱글싱글 웃고 있었다. 그때는 그들의 경제적 상황이 어려울 거라 생각해 무조건 잘해주고 싶은 마음이 들기도 했었다. 내가 살아온 잣대로 그들을 판단한 것이다. 하지만 남한에 와서 북한이탈주민들과의 인터뷰를 통해 들은 바로는, 내가 생각했던 것과 별개로 개성공단에서 근무하는 이 사람들은 북한에서는 꽤 좋은 상황에 있는 부자라고 했다.

사실 북한에서는 자전거가 있으면 남한에서 차가 있는 것만큼 부자란다. 실제로 그곳의 많은 사람들은 자전거가 있었다. 다들 하루 종일 입었던 공장 작업복과 작업 모자를 벗으면 높은 굽의 구두를 신고 구불구불한 멋진 머리를 풀어헤치고 멋쟁이로 변해 버스를 타러 갔다. 남자들은 으레 한 손에 담배를 들고 하얀 연기를 내뿜으며 개성공단 밖 게이트를 향했다. 내 눈에 그들은 다큐멘터리에서 본 6~70년대 남한의 노동자들을 연상케 했지만, 북한 내에서 그들은 상대적으로 부자였다. 깨진 쌀밥과 푸성귀 돼지간볶음 등으로 최고의 반찬을 싸서 다니는 부자였다. 그렇다면 정말 평양이나 개성 외에 다른 지역에 사는 사람들은 도대체 어떻게 살아가고 있는 것일까?

금강산 관광을 진행하던 시절, 그곳에서 식당을 하셨던 사장님 얘길 들으니, 그곳에서는 남한에 3~4주에 한 번씩 내려가는 남한 직원들에게 휴일에 금강산 관광지역 외에 장소를 다니게 해줬다고 했다. 목적지로 가기 위해 읍내 같은 곳을 지나가는데 회색도시 같았다고 했다. 간판에 색이라고는 없고, 그냥 글씨만 간략하다고. 기력 없고 무표정한 사람들을 보았다고. 하지만 내가 만난 개성의 북한 사람들은 일을 했고, 눈빛이 살아 있었다. 생동감이 느껴졌다. 할 일이 있었기 때문이었으리라. 폐쇄된 지 3년이 지난 지금 개성사람들은 어떻게 지내고 있을까?

3,000명분의 식재료와 김치, 그리고 북한 냉면? 아니, 개성공단식 냉면!

개성에는 '누리미'라는 건물이 있었다. 한쪽은 남한주재원들 숙소이고, 한쪽은 북한 노동자들이 일하는 공장이었다. 건물을 잇는 복도가 하나 있지만, 북한 공장동 직원들은 남한 사람들 숙소 쪽 건물로는 전혀 발길을 두지 않았다. 사실 공장동이야말로 진짜 남한에서 한 번쯤 상상해봤던 북한 사람이 있는 곳이었다. 내가 늘 상주하는 종합지원센터 급식소 건물은 개성의 엘리트들과 평양에서 내려온 사람들이 많았다. 늘 화장을 하고 다니고, 옷도 깔끔하게 입고 다니는 사람들이 많았다. 하지만 공장동의 많은 사람들은 그렇지 않았다. 대부분 작은 키에 얼굴은 까맸고, 작업복을 입고 있었다. 물론 이들도 북한의 다른 지역보다는 그나마 형편이 나은 사람들일 것이다.

그런 노동자들이 식사하는 누리미 공장동의 4층 식당은

3,000명가량의 공장 노동자들이 함께 식사를 하는 곳으로, 내가 관리하는 식당 중 하나였다. 식당 규모가 그 인원을 다 수용하지 못해, 11:30부터 1:00까지 30분 단위로 각 공장 노동자들이 돌아가며 식사를 했다. 나는 어떻게 봐도 남한 사람처럼 생겼는지, 급식검수*를 하러 누리미 공장동 식당에 가면 수백 명의 사람들이 쳐다보며 남한 사람이라고 수군거린다. 처음에는 신경 쓰이고 불편했다. 하지만 불편하다고 일을 안 할 수 없었기 때문에 수백 명의 시선을 뚫고 안으로 들어가야만 했다. 문제는, 내가 가면 쳐다보는 식당의 모든 사람들도 나와 마찬가지로 경직된다는 것이다.

때로는 내가 들어오지 못하게 하기도 한다. 식당 도착 10미터 전쯤에는 급하게 누리미 식당 조장이 나와서 나를 대면한다. 조장은 얼른 뛰어와서는 왜 또 왔냐는 식으로 얘기를 시작한다.

"왜 오긴 왜 와요, 일하러 왔지~ 물건 다 들어왔나요? 후추, 만두 갑자기 더 시키면 남쪽에서 올라오기 힘든데, 3일 전에는 말씀해 주시라니까요."

"갑자기 인원이 느는 걸 어카나? 내도 어쩔 수가 없어. 안 보내주면 나 일 못해요."

"그렇게 말씀하시면 어떻게 해요. 일단 금요일 국수 먼저

* 급식검수: 주문한 재료와 조리법에 맞게 음식이 제대로 나왔는지 확인하는 일

들어온 거 좀 당겨 쓰고 날짜 조절해서 메뉴 바꿔서 나가게 해주세요."

"알았어요."

대화가 끝난다. 워낙 대량으로 물품을 주문하다 보니 급하게 주문이 들어간 몇몇 물품은 북쪽까지 오는 데 늦는 날이 많았다. 3,000명이 식사를 해야 하는데 이렇게 재료가 없으면 나도 아차 싶고, 큰일 났다 싶지만, 사실 공장동 냉장고에는 늘 일주일치의 여유 물품이 있다. 그걸로 앞으로 빼고 뒤로 돌려 식단을 조절하자고 얘기를 해본다. 누리미 식당 조장도 급하게 물건 시킨 얘기는 쏙 빼놓고, 다른 직원들 앞에서 남한 물품 반입이 문제라며 일장연설을 한다.

물론 개인적으로는 다들 정이 있는 식당 아줌마들이다. 이렇네, 저렇네 하며 실랑이를 하다가도 마무리할 때쯤 내가 "밥도 못 먹고 여기까지 왔더니 힘들어 죽겠네. 식당성원들 오늘 냉면 먹어요? 저도 좀 주세요" 하고 넉살을 부리며 부탁하면, 북한식당 직원들이 먹는 것과 똑같은 냉면을 내어준다. 누리미 식당 직원들은 공장동 노동자들과 같은 메뉴를 먹지 않았다. 집에서 가져오기도 하고 공장동 노동자들의 식사를 만들고 남는 재료들로 본인들 식사를 따로 만들기도 했다. 북한 사람들이 직접 요리한 것이라 신기하기도 하고 맛도 궁금해 일부러 점심을 먹지 않고 가서 괜히 배고프다고 엄살을 부렸다. 다행히 북한에서는 먹는 것 가지고 야박하게 구는 걸

아주 나쁘고 치사하게 생각하기 때문에 못 이기는 척 조장이 한 그릇 말아주라고 하면 조원이 그릇에 면을 덜어 고명을 얹어준다. 북한 사람들이 먹던 쇠 젓가락을 물에 헹궈 먹으려니 기다리라고 한다. 어디서 남한 나무젓가락을 가져와 손님 대접을 이렇게 하는 법이 아니라며 건네준다. 시원한 국물에 닭고기, 돼지고기 고명을 올린 국수를 식당 의자에 앉아 시원하게 한 그릇 먹었다. 내 입맛에는 평양식당 냉면보다 맛있었다.

사실 공장동 식당이 아닌 남한 사람들이 식사하는 종합지원센터 식당은 70세가 다 되어가는 개성공단 10년차 실장 할머니가 대부분 요리를 하기 때문에 북한 음식을 먹을 일이 별로 없는데, 가끔 직원식은 북한 사람들이 만든다. 그녀들이 음식을 만드는 것을 보고 나중에야 안 것이지만 그렇게 맛있게 먹었던 개성식당의 냉면은 평소 생각하던 평양냉면과는 달랐다. 인스턴트 면에, 육수는 소고기 다시다 등의 MSG와 물, 설탕, 식초를 섞어 만들어 준다. 그래도 달걀, 무김치, 삶은 닭고기와 고명은 조금 올라간다. 남한에서 잔치국수를 먹을 때 먹던 양념장도 가끔 끼얹어 주는데, 먹고 나면, 밤에는 그렇게 목이 마르고 아침엔 손이며 얼굴이 붓는다. 그 사실을 몰랐을 때는 이상하다 왜 이렇지 생각했는데 훗날 냉면 만드는 과정을 보고 깜짝 놀랐다.

나중엔 다 알면서도 먹었다. 남한에서는 입에도 대지 않는 소고기 다시다를 먹으면서라도 이들과 가까워지고 싶었다. 그녀들의 삶 속으로 들어가 보고도 싶었고, 같은 음식을 먹으며 친구가 되고도 싶었다. 그렇게 해서 얻어먹은 음식들이 몇 가지 있다. 오징어 볶음을 급식으로 낼 때는 몸통의 살과 다리만 내기 때문에 내장, 입 등의 부속기관은 처리를 한다. 북한 직원들은 그것들을 다 떼서 정성스레 모으더니 "식당 양념 좀 쓰겠어요" 하며 냄비에 기름을 좌악 두르고 고춧가루, 소고기 다시다, 마늘 등을 넣고 막 볶다가 오징어 부속기관을 넣고 설탕, 간장을 넣어 달달달 볶아내었다. 향이 정말 그럴듯했다. 하긴 양념들이 맛 없기가 힘든 조합이다. 한 그릇 먼저 떠서 나와 실장 할머니 요리사님 테이블에 따로 내주고는 한참을 바라본다. 북한 사람들은 우리가 자기들이 해준 음식을 먹으며 무슨 말을 할지가 궁금한지, 한 입 먹을 때까지 식사도 하지 않고 뭐라고 하나 하고 귀 기울인다. 다 씹어 삼키기도 전에 어떠냐고 묻기도 한다. 맛있다고 하면 그때부터 북한 음식이 깔끔하고 품위가 있어 맛이 좋다고, 우리 것 최고 등등의 레퍼토리가 이어진다.

한 번은 어떻게 만드는지 알려 달라고 했더니, 대답하는 말이 아주 자본주의스럽다.

"안 돼요~ 이거 나도 돈 주고 배웠는데, 공짜로 알려줄 수 없지."

돈? 공짜? 여기가 자본주의 국가인지 사회주의 국가인지?

하는 생각이 들며 웃음이 확 터졌다. 그랬더니 대답한 북한 직원도 같이 웃는다. 어느 날은 누리미 식당의 북한 직원이 옅게 양념해 소금에 절인 배추를 가져왔다. 물에 넣어 끓여 배추찜을 만들었는데, 그것도 아주 맛이 있어 계속 생각이 난다. 들어간 양념도 별로 없었는데, 뭉근한 불에 오래 끓여낸 그 맛이 기가 막혔다. 이건 정말 북한 음식이다, MSG가 없는 맛! 정말 그 요리는 너무 배워 오고 싶었는데, 둘이 있을 수도 없고 여럿이 있을 때 그 사람에게만 말을 거는 것도 혹시 불편할까 싶어 결국 배워 오지 못했다.

종합센터 식당은 남한 사람이 먹을 요리는 남한 실장 할머니 요리사만 요리를 한다. 북한 직원들은 요리 재료 다듬고 썰고 나르고 식기를 세척하는 일만 하고 간혹 직원끼리 먹는 밥을 할 때만 북한 성원들이 실장 할머니가 내어준 재료로 음식을 만든다. 개성에서의 북한 음식엔 소고기 다시다 MSG, 미원이 필수였다. 또 설탕, 파, 마늘은 꼭 들어간다. 기름도 많이 넣는다. 주로 콩기름을 쓰는데, 달걀 프라이를 할 때면 프라이팬의 1/5은 잠길 듯 기름을 부어 놀라곤 했다.

북한 누리미 공장동 식당 직원들은 반은 호기심에 반은 경계하며 나를 대했는데, 누리미 공장대표 위에 총대표, 즉 누리미 총괄 북한대표는 내가 너무 불편했나 보다. 남한 총괄 책임자랍시고 매일 와서 라면이 몇 박스 들어왔는지, 북어채 30kg는 많으니 줄이고 다른 재료를 써서 메뉴를 든든하게 만들라든지 묻고 지시하는 걸 못마땅해했다. 대한민국이었다면 있을 수 없는 일이었겠지만, 내가 식자재를 들여오고 식단을 짜든 말든 북한 사람들은 우리 식당에 온 재료는 우리 것이니까, 우리가 알아서 한다는 마음이 있었다. 간혹 부실한 국그릇을 보며 "시키셨던 두부나 고명 재료는 다 어디로 갔나요, 노동자들 식단이 너무 부실하니 조정하세요"라고 요청하면 식당 조장보다도 총대표가 더 싫어했다.

한 번은 남한 사람들이 먹는 식당 재료 품목과 북한 식당 품목이 바뀌어서 식재료를 교환하러 누리미 공장동 식당으로 갔다. 1시 마지막 타임 북한 노동자들이 식사하고 있는 시간이다. 안 그래도 나를 불편해하는데 식사시간에 또 괜히 긴장할까 봐 뒷문으로 조용히 들어가 조장 선생을 찾았다. 동태를 손질하던 북한 직원들 13명이 순간 다 얼음이 되었다. 그녀들은 3,000명의 식사를 위한 동태를 한가득 쌓아놓고 정성스레 내장과 알을 까고 있었다. 한쪽에서는 차곡차곡 소금을 뿌려 담기도 했다. 지금까지 동태를 시켜도 내장과 알은 한 번도 급식에서 나오지 않았는데 이렇게 손질을 하고 있는 것을 보면 개성 시내 어딘가로 가져갔나 보다 싶었지만, 굳이 캐묻지 않았다. 비겁하지만 1대 13으로 싸워 이길 자신은 없었고, 어차피 급식에서는 식중독의 위험 때문에 알이나 내장은 내지 않으니 폐기한다. 나중에 냉동이라 신선하지 않으니 쓰지 마시라고 다시 한번 언질을 해야겠다 싶어 조용히 조장을 찾았다.

급하게 뛰어온 조장에게 먼저 온 용건을 이야기했다.

"식자재가 섞여서 들어왔어요. 여기 표 보시고 오늘 당장 써야 하는 품목들 꺼내주세요."

하지만 조장이 말을 시작하기도 전에 북한 누리미 공장동 총대표가 나타나 손가락질을 하며 소리친다.

"우리 사람들 밥 먹는 데 오지 말라!"

어리둥절하고 당황하기도 한 나는 '식당 뒷문으로 들어와 직원들에게만 말하고 있는데, 왜 저한테 소리를 지르고 그러세요?!'라고 소리치고 싶었지만, 너무 당황한 나머지 어버버하게 있을 수밖에 없었다. 총대표는 식당 밖에서 얘기하자고 먼저 나갔다. 조장은 슬쩍 안심하라며 눈짓을 한 뒤 말했다.

"대표 선생이 남측 사람들 오는 거 싫어하는데 오니까 그렇지."

50대로 보이는 총대표는 밖에서는 의외로 미안해한다. 그제서야 나는 가타부타 말을 시작했다.

"대표님. 저 북측 분들 식사 방해 안 하려고 뒷문으로 들어왔어요. 왜 저한테 소리 지르셨어요. 저 무서웠어요."

"그게 아이고, 선생이 자꾸 우리 사람들 먹는데 왔다 갔다 하니까네."

"선생님, 서류상이라고 생각하셔도 제가 여기 책임잡니다. 사고 나면 책임져야 하는 사람이고, 다른 문제가 아니라 북측 노동자 분들 식사 잘해드리게 말씀드리는 건데, 제가 뭘 잘못 했나요. 저 그렇게 나쁜 사람 아니에요."

"아니 그게 아이고, 그렇지 개성에 나쁜 사람이 없지 그건 아오. 그래도 남측에는 남측법이 북측에는 북측법이 있는 게 아이요. 우리 사람들 식당 일 알아서 잘 하네까니 앞으로 올 일이 있으면 미리 말하고 오시오."

내가 다음부터 소리 지르지 말고 말씀하세요 하니 멋쩍게 웃는다. 여러 사람들 앞에선 그렇게들 사납다가도, 둘셋씩 있으면 이렇게 순박한 사람들이 된다. 보는 눈들 앞에서는 행동들이 그렇게 날이 서 있다. 총대표가 저렇게 난리를 치는 것은 그들이 빼돌리는 자재를 내가 확인해 문제를 일으킬까 싶어서였을 것이다. 소문에 매번 제대로 나가지 못했던 급식은 이틀 건너 하루씩 새벽에 검은 지프트럭이 와서 식자재를 싣고 개성 시내로 들어간다고 했다. 소금에 절인 생선 알과 내장도 그 트럭에 실어서 어딘가로 가겠지. 이 문제에 대해 보고해도 그 어떤 지시나 해답이 없었다. 그냥 공장동의 북한 노동자들이 배부르도록 영양가 있는 음식을 먹지 못하게 되는 것 그리고 허울뿐인 남한 총책임자인 나는 그들에게 이방인으로 그 상황을 그저 지켜봐야 했다. 그 음식들은 당신들의 권리라고, 힘들게 노동했으니 주어지는 당연한 보상이라고 저 높은 사람들이 당신들의 권리로 자기들 배를 부르게 하고 있다고 내가 아무리 얘기해 보았자, 그들은 쳐다도 보지 않고 나와 눈도 마주치지 않았다. 가해자에게도 피해자에게도 나는 그저 남한에서 온 이방인일 뿐이었다. UN에서 원조로 들어온 영양 비스킷 같은 것을 당에서 준 것으로 말한다거나, 김정일 생일에 나눠준다거나 하는 것과 비슷하지 않을까 하고 생각했다. 그래, 그렇게라도 아이들 입에 들어가니 다행이라고 생각해야 하는 걸까.

2장

개성에서 겪은 여름

임금전쟁과 가자미 사건

매월 20일은 사업장의 북한 노동자들이 한 달 동안 일한 노력비*를 북한의 총국에 내는 날이다. 또한 사업장 운영에 따른 '도시경영세금'이라는 북한 세금과, '개인소득세'**를 내는 날이기도 하다.

보통 조장은 월초부터 북한 노동자들의 임금계산서를 요구한다. "20일까지 내는데 왜 벌써 이러세요~ 서류 작업할 것이 많으니 좀 기다리세요~" 하고 말하지만 그럼에도 불구하고 조장은 막무가내다. 북한 통계***에게 가져가서 확인 받아야 한다고 얼른 해달라고 한다. 북한 통계가 없이 남한 사람 직영(?)으로 하는 곳은 이 급식소뿐이었다. 조장은 내가 임금 계

* 노력비: 남측의 임금 개념

** 개인소득세: 북측 지역에서 근로하여 월급을 받으므로 그 내역에 대한 세금을 일정 부분을 북측 정부에 낸다.

*** 통계: 세무원, 주로 돈 계산이나 출퇴근 계산, 인력관리를 담당함

산한 부분에서 1센트라도 빈 곳이 없는지 확인하기 위해 식당이 위치한 종합지원센터를 총괄하는 북한 통계에게 이중으로 검사를 받았다.

40대 초반의 통계는 10여 년 전 개성공업공단 초기, 남한의 우리은행 근무 경력도 있고 엑셀도 잘 다룰 줄 알았다. 셈도 아주 잘해서 가끔 수식이 잘못되어 나오는 계산 실수를 단번에 맞힌다. 또 어찌나 당당한지 모른다. 늘 남한 사람에게 한 수 가르치고 싶어 했다. 보통 통계가 되려면 경제전문학교 이상을 졸업해야 한다고 했다. 식당 직원들의 개인신상을 보면, 소학교나 중학교 졸업이 많았고, 조장만 전문학교를 졸업했다. 모르긴 몰라도 통계는 개성 시내 사무직 엘리트 여성 측에 속하나 보다 생각했다.

규모가 있는 각 사업소마다 통계는 한 사람씩 있었다. 한 번은 버스사업소 통계가 버스식당 성원들 임금을 가지고 와, 이대로 총국(북한 세무서)에 제출을 하고자 하였으나 확인을 해보니 5센트 정도가 부족했다. 시간을 계산한 데서 합을 내야 했는데, 아마 함수가 잘못 입력되어 5센트가 모자라게 계산된 것 같았다. 식당 성원들 기본 월급이 100달러쯤 되는데 5센트는 적은 돈이 아니겠다 싶었다. 혹시 임금을 덜 받게 되면 일하는 성원들이나 총국에서 통계가 문책을 받으면 어쩌나 하는 오지랖도 생겼다. 전화가 안 돼서 여름 땡볕에 2.5km나 되는 거리를 걷고 걸어 버스사업소에 찾아갔다.

그곳 경비가 물었다. "누구를 찾으시오?" 통계를 찾는다고 말하니, 무전으로 '통계 동무 어디 있시오, 나와 보시오' 한다. 잠시 후 남한 사람이 찾는다는 말은 못 들었는지 통계가 저 멀리서 걸어온다. 내가 다가가니 갑자기 뒷걸음질 친다. 모양이 우스웠다. 나는 다가가고 통계는 뒷걸음질 치고. 자꾸만 거기 있어보라고 한다. 도망치듯 사무실로 쑥 들어갔다가 한참 후에야 다른 북한 사람을 데리고 다시 나왔다. 이제 그쪽은 둘이 되어 남한 사람이랑 1:1로 있었다는 문책 들을 일도 없으니 당당히 말한다.

"무슨 일입니까?"

나는 북한 버스사업소 직원들이 5센트 더 받게 계산이 되어야 하는데 덜 받게 계산했다고, 더해야 한다고 했다. 그러자 통계는 얼굴이 붉어지며 갑자기 소리를 버럭 지른다. 자기가 잘못했을 리가 없다고, 말도 안 되는 소리를 한다고 벅벅 우긴다. 뽑아 간 엑셀표를 보여주니, 소리를 지르며 또 막 우긴다. 나도 또 황당해서 같이 큰소리가 나온다.

"아니 그쪽 도와주려고 온 사람한테 왜 이래요?"

나중에 안 것이지만, 통계를 생각해서 찾아가 준 것이 통계를 위한 일이 아니었다. 그냥 모른 척하는 것이 차라리 통계를 위한 일이었다. 북한 직원들은 본인의 실수가 타인에게 발견되면 총화 때 문책 받게 된다고 한다. 특히 개성은 남한 사람과 함께 일하며 생활하는 곳이기 때문에 그 강도가 더 세다고도 했다. 실수해도 되지만 실수를 들키면 안 되는 곳이 북한인가? 하는 생각도 들었다. 옆에 같이 나온 사무원이 눈치를 보며 얼굴이 터질 듯이 붉어져 하도 우기기에 다음에 다시 얘기하자고, 다음번엔 통계 선생이 내 사무실로 오라고 하고 자리를 떠났다. 굉장히 씁쓸한 기분이었다. 이튿날 오전 업무시간에 찾아온 버스사업소 통계는 북한 상사와 함께였다. 한풀 꺾인 목소리로 그래도 자기가 계산한 것이 맞다며 그대로 지급하기를 요구했다. 그녀의 북한 상사는 아무 말 없이 내 업무 컴퓨터의 엑셀 화면을 뚫어지게 쳐다봤다. 하지만 나는 근로시간에 맞는 임금을 지불하겠다고 했고, 결국 버스사업소 식당 노동자들은 각각 5센트씩 더 책정되었다.

그날 이후 나는 버스사업소에서도 개성공업지구 어디에서도 그녀를 다시 볼 수 없었다. 어디 갔냐고 물어보면 모른다고 했다. 몰라서 모르는 건지, 알아도 모르는 건지 그냥 모른다고만 했다. 그때 문제가 되었던 돈은 한국 기준으로 2천원. 내가 즐겨 마시던 탄산수 가격쯤 되었다. 물론 액수가 아니라 태도의 문제겠지만 버스사업소 업무를 볼 때마다 마음이 찝찝했다. 돈 실수에 대한 경질이 확실한 곳이었다.

어쨌든 매달 각 식당 성원들의 임금(로임)표를 체크 후 업무시간을 기준으로 총임금을 계산해 개성의 우리은행에 가 그 금액만큼 출금해 북한 세무서에 제출했다. 북한 성원들에게 공식적으로 직접 달러로 임금을 주지는 않았다. 직접 주는 것은 한 달에 한 번 지급되는 로보 정도였다.

세금을 북한법으로 계산하고 내는 법을 겨우 배워 걸음마를 떼었을 때, 개성공단은 임금인상 문제로 난리가 났다. 북한이 남한정부와 상의하지 않고 임금을 일방적으로 올린 것이다. 북한이 일방적으로 올린 최저임금에 남한정부는 합의 없이 올렸으므로 수용할 수 없다는 입장이었다. 나는 남한 사람이니 우리 정부의 입장을 준수해 기존 남북정부가 합의한 대로 임금을 북한 세무서에 내려고 했다. 식당 성원들의 임금과 로임표를 들고 가 돈을 내겠다고 했지만 북한 세관들은 받을 수 없다고 했다. 남한의 기업가들은 왜 임금을 가져왔는데도 받지를 않느냐고 난리가 났고, 북한 사람들은 북한정부에서 제시한 대로 조정하지 않은 임금은 받을 수 없다고 우기며 소리를 지르는데 아주 아수라장이었다. 각 기업의 북한 대표는 또 임금도 안 주고 일 시키냐고 단체로 항의를 했다. 태업은 다반사고 심지어 남한의 기업가들과 싸우기도 했다. 물품 출하가 급해도 미싱 앞에 앉아 돌리지도 않고 시간만 때우는 북한 노동자들과 그런 상황을 조장하는 북한정부에 지친 몇몇 기업대표들은 북한세법대로 돈을 올려야 하나 고민을 하기도 했다.

나는 개성에 출입한 지 얼마 되지도 않았고, 설마 식당에서도 그런 일이 일어날까 하며 평상시대로 업무 준비를 했다. 그런데 그 설마 하던 일들이 일어났다. 4월 한 달간 조용하더니 5월 초가 되자 임금을 안 내냐고, 개성공업지구에 들어왔으면 공화국법을 따라야지 로임도 못 받고 일하게 생겼다고, 무엇을 먹고 살라는 거냐며 화를 냈다. 사실 당시 식당을 운영하던 남한의 본사 상황도 어려워 당장 나도 두 달치 월급을 못 받고 있는 상태였다. 하지만 나는 남한정부의 지침을 어겨가며 그들의 말을 들어줄 수는 없었다. 그저 그 사람들의 말을 문자 그대로 들어줄 수밖에 없었고, 임금을 내려고 해도 총국이 받질 않는다고, 당국 간의 상황이 정리되어야 가능할 것 같다고 미안하다고 말할 수밖에 없었다. 다른 남한 사람들 말로는 여기는 공산주의 국가인데 뭐라도 나라에서 배급이 나오니 그렇게 어렵지는 않을 것이라고 걱정 말라고 했다.

5월 초, 오전까지 웃으면서 일하던 조장이 총국 집합을 위해 저녁시간을 조퇴 처리한 다음 날부터, 식당 분위기가 달라졌다. 북한 성원들은 나만 보면 눈을 막 굴렸다. 급식소에 남한 사람이 식사하고 있을 때면 북한세법으로 임금을 내라고 큰소리를 지르는 것도 다반사였다. 일부 성원들은 다음 날부터 나오지 않겠다고 협박도 했다. 하루 만에 바뀌는 것을 보니 총국에서 말이 있었나 보다 생각할 수밖에 없었다. 혹시나 싶어 매일 돈을 들고 찾아가도 총국은 받아주질 않았다.

어느 날부터는 기존대로 돈을 받아주겠지만 대신 밀린 임금에 대해서 북한이 요구하는 대로 지급하겠다는 각서를 쓰고 서명을 하라고 했다. 나는 거부했다. 버티다 못해 서명하는 남한기업이 생기면, 어디어디는 했는데 당신은 왜 안 하냐며 서명하라고 거칠게 몰아붙였다. 임금문제로 골치를 썩던 어느 하루는 아침 출근시간이 지나도 아무도 나오지 않았다. 2~30분 지나서야 나타난 북한 성원은 겨우 두 명이었다. 조장과 부조장격인 출신성분 좋은 은숙 선생은 내려오지 않았다. 사태가 심각하다는 것을 깨닫고는 남한의 개성공단관리위에 해결책을 요청했다. 식사가 나갈 수가 없다, 어찌해야 할지 모르겠다고 말하니, 남한 개성공단관리위는 북한 관리들에게 '협상이 완료될 때까지 일단 밥 먹는 곳은 건드리지 말자'는 제안을 했다. 그 덕분에 그날 오후부터 조장 이하 성원들이 나오기 시작했다. 하지만 입매를 굳게 다물고 있었다. 조장이 나를 보고 눈도 안 마주쳤다. 화가 났는지 얼굴도 불긋불긋했다. 불편하고 애매한 상황에 나도 모른 척할 수밖에 없었다.

이 와중에 또 사건이 터져버렸다. 실장 할머니가 일주일간 휴가를 가고 임시 요리사님이 일주일간 일하기로 했는데, 갑자기 사무실로 오더니 "점장님, 가자미가 없어졌어요! 10kg요. 점심 때 나가야 하는데 어쩌죠?" 한다.

난리가 났다. 사업장에서는 일하던 남한 사람이 바뀌고 업무를 파악하는 시기에는 그 틈에 뭔가가 꼭 사라진다고 전임자에게 교육을 받았고 지금까지 없어진 것은 기껏해야 생선 몇 조각, 과일 몇 개 정도였다. 하지만 가자미 10kg 사건은 정말 대형 사고다. 당장 점심에는 무엇이 나가야 할지, 곧 사람들이 밥을 먹으러 올 텐데 뭐라고 해야 하나, 임금문제 때문에 분위기도 안 좋은데 가자미는 월급 대신이라고 생각하고 가져간 건가 별생각이 다 들었다. 이걸 어째야 하나 하고 혼자 사무실에서 계속 고민했다. 한숨을 푹 쉬면서 공은 공이고 사는 사다 하는 마음으로 북한조장에게 경고해야겠다 싶어 밖으로 나가려니, 요리사님이 조용히 옆으로 와 가자미가 저 밑에 있었다고 했다. 내게 미안하다는 말과 함께 선입견으로 인해 오해를 했다며 북한 사람들에게 미안해했다. 요리사님은 북한 성원들에게 가자미가 어디 갔냐고 소리를 쳤었는데 이제 어떡해야 할지 모르겠다고 걱정했다. 그래도 아예 누가 가져간 것보다는 수습하기가 낫다고 생각되었다. 무엇보다 또 큰소리 나지 않아 다행이었다. 일단 밖이 어떤지 보려고 사무실 문을 여니, 조장이 버럭 소리를 지른다.

"점장 선생 또 위에 가서 일렀나! 우리 곤란하게 만들면 가만있지 않갔어!"

조장 뒤에 성원들의 억울한 눈빛이 마음에 콕콕 박혔다. 하지만 나는 일부러 엄청 차가운 목소리로 말했다.

"실장님. 문 닫으세요."

사무실 문을 살짝 닫고서는 작은 목소리로 실장님께 소곤거리며 말했다.

"죄송해요. 제가 소리 좀 지를게요. 안 그러면 한 주 내내 일하기 힘드실 거예요."

실장님도 알겠다는 사인을 눈빛으로 보내자 나는 북한 성원이 다 들을 수 있는 큰 목소리로 소리를 질렀다.

"요리사님! 도대체 일을 어떻게 하시는 겁니까. 제대로 찾아보지도 않고 일을 이 지경으로 만듭니까. 지금 실장님 때문에 여러 사람 곤란한 것이 보이십니까 안 보이십니까 똑바로 일하세요!!"

데시벨은 엄청 높았지만, 사무실 안에서 표정과 손은 미안하다는 사인을 계속 보내고 있었던 것을 북한 성원들은 몰랐을 것이다. 요리사님도 찡긋하며 괜찮다는 사인을 보낸 후 사무실 밖으로 나갔다. 나는 화가 났다는 표시로 일단 방에 있어야 했다. 방문을 닫고 한참 후에 나가야 내가 단단히 화가 났음을 표현할 수 있었기에 그랬다. 퇴근하며 요리사님을 재회해서 들은 사무실 밖 풍경은 참 훈훈했다. 사무실에서 한참 쇼를 하고 나간 실장님이 "에휴, 눈물 쏙 빠지게 혼났네." 하며 어두운 표정을 짓자 북한 성원들이 먼저 와서 위로를 해주더란다.

"점장 선생 그렇게 안 봤는데 독하다, 조카뻘 되는 사람한테 남자 선생이 이렇게 혼났으니 얼마나 속이 상해요."

북한 성원들은 요리사님께 나를 흉보면서도 이해하라고 했다고 했다. 아마 그들의 눈에는 한참 어린 내가 남존여비 문화가 여전히 강한 이 북한에서 삼촌뻘인 남자 분께 소리 지르고 훈계했다는 것 자체가 엄청난 일이었을 것이다. 하지만 만약 이렇게 한바탕 쇼를 하지 않았다면 요리사님은 한 주 내내 그들에게 시달렸을 거다. 차라리 내가 독하고 나쁜 사람 되는 상황이 좋은 결과를 만들었다. 성원들이 실장님을 달래준 얘기를 듣고 슬며시 웃음이 났다. '이 순진한 사람들 같으니' 하면서 말이다.

임금협상 문제가 어려운 문제이긴 했지만, 북한 사람들에게는 사실 직접적으로 자기들에게 피해가 오는 일은 없을 것이라는 이해가 있었던 것 같다. 어떻게든 남한정부와 자기네 북한정부 간에 해결할 일로 보았던 것 같다. 그 결과, 협상이 될 때까지 표면상, 조장이 위에 보고할 용도로 다 함께 있을 때 '한바탕'해야 할 때 말고는 조용했다. 태업*이나 잔업거부도 급식소에서는 없었다. '한바탕'을 할 때도 간혹 드물게 북한 성원과 단둘이 있을 때는 더 살갑게 웃으며 얘기하기도 해서 이 사람들은 그냥 직장생활을 하는 거구나 싶기도 했다.

한 계절이 지나고 나서야 남북이 합의해 임금을 비로소 납부할 수 있게 되었다. 몇 달치 임금을 북한정부에 한꺼번에 내며, 또 법정관리에 들어간 본사에서 그동안 밀린 월급을 받으며 그들에게도 내게도 급여에 관한 평화가 찾아왔다. 여러 달에 걸쳐 임금문제가 마무리되고, 조장과 성원들을 모아 종

---

* 태업: 표면적으로는 작업을 하면서 집단적으로 작업능률을 저하시켜 사용자에게 손해를 주는 쟁의행위

이로 비교해주면서 기존의 임금과 조정된 임금을 설명해주었다. 이때 열심히 종이를 살펴보던 북한 성원들의 한마디를 잊을 수 없다.

"요게 올라간 거야? 요거 때문에 우리가 그 난리였던 거야?"

2015년 그 봄부터 시작되어 여름에 끝을 맺었던 잊지 못할 '임금의 시간들'이었다.

북한 노동자는 안 되고, 평양 사람은 되고

북한 사람들은 남한 사람들을 만날 때 암묵적인 원칙이 있었다. 절대 혼자 남한 사람들과 같은 공간에 있어서는 안 된다는 것이었다. 늘 북한 성원들은 나를 대할 때 두 명 이상이 함께 왔다. 보통은 조장이 매번 다른 성원과 함께 오는 식이었다. 단둘이 만난 경우는 정말 예외적인 경우라고 할 수 있었다.

이 원칙은 엘리베이터에서도 마찬가지로 적용된다. 남한 사람과 북한 사람은 동시에 나란히 서 있다가도 같이 타지 않았다. 보통은, 북한 사람이 "먼저 올라가십시오"라고 하든지, 본인이 많이 급하면 "나중에 오십시오" 하고 말한다. 이때 남한 사람이 "나도 급한데 그냥 같이 타고 갑시다"라고 말하면 불편한 얼굴로 본인이 내려버린다. 사실 내가 해봤다. 실험해보고 싶었기 때문이다.

하지만 이 원칙이 적용되지 않는 사람들도 있었다. 평양에서 온 것을 큰 자부심으로 여기는 평양식당 사람들이나, 개성 토박이지만 늘 휘장을 달고 다니며 높은 층 버튼을 누르는 관리나, 평양에서 온 북한 관리들은 남한 사람들과 단둘이 있어도 상관없는 듯했다. 한번은 종합센터에 통통한 중년 아저씨 한 분이 엘리베이터를 타려고 기다리고 있었다. 점잖게 차려입었는데, 휘장이 가슴에 없어서 남한 분인 줄 알고, "몇 층 가세요?" 하고 말을 걸었는데, 그냥 쑥스럽게 웃을 뿐 대답을 하지 않았다. 한참을 답하지 않더니, 아저씨는 "나 공화국 사람이야"라고 답을 했다. 억양도 서울 말씨에 가까웠고 남한 사람이랑 같이 엘리베이터를 단둘이 타는데, 놀리려고 일부러 농담하나 싶어 "네~" 하고 그냥 웃어넘겼다. 그런데 며칠 뒤 진짜 가슴에 붉은 휘장을 달고 엘리베이터 앞에 서 있는 그 아저씨를 보고 놀랐다. 남한 사람과 단둘이 엘리베이터를 아무렇지도 않게 탈 수 있는 대단한 사람이구나 싶었다. 아니나 다를까! 저번엔 그가 층수를 누르지 않았고, 저층에서 내가 먼저 내리느라 몰랐는데, 이번에 보니 남측공동위원회와 북측공동위원회가 함께 상주하고 있는 층 버튼을 누르고 있었다.

휘장만 떼면 남한 사람인지 북한 사람인지 모를 사람들이 이 높은 건물에 함께 있는 반면, 남한 사람과 단둘이 이야기를 해서도 안 되고, 엘리베이터를 타서도 안 되는 사람들이 있었다. 북한 노동자들이 상주하는 누리미 공장동은 엘리베이터가 딱 한 대였다. 3,000명이 사용하는 건물에 엘리베이터는 단 한 대이다 보니 아무래도 불편한 상황이 많이 발생했다. 내가 관리하는 북한 노동자 식당에 올라가려고 엘리베이터를 타면 북한 노동자들은 남한 사람인 나와 함께 엘리베이터를 타지 못하고 슬쩍슬쩍 쳐다보기만 했다. 절대 혼자서는 내가 먼저 타고 있는 엘리베이터에 오르지 않았다. 북한 사람 두세 명이 모이면 타기도 했다. 어느 날에는 내가 혼자 탄 엘리베이터 문이 닫히는데 누군가 버튼을 눌러 열려 보니 남자 북한 노동자 혼자였다. 나는 "타세요" 하고 열림 버튼을 눌렀지만, 북한 노동자는 '망했다' 하는 표정으로 "에잇, 썅" 하며 욕을 던지고 계단으로 뛰어 올라갔다. 쉬는 시간이 끝났다는 공장동 종이 울린 직후였다. 마음이 급했을 것이다. 아마 직장 조장에게 혼이 나겠구나 싶었다. 내가 양보해줄 걸 싶었다가도 그가 내뱉은 육두문자에 맘이 상해서 그러기 싫었다. 사실, 양보해줄 겨를도 없이 욕하고 뛰어가 버렸다.

공장동의 엘리베이터에서는 남한에서는 맡아보지 못한, 이제는 옛날 것이 되어버린 체취가 났다. 사실 북한에 세금 내는 항목 중 하나에 목욕비가 책정되어 있었다. 세금표를 보고 도대체 왜 목욕비가 있는 거지? 라고 생각했었다. 육체노동을 하는 직원들뿐 아니라 사무직 여성들에게조차 개인당 책정되어 있었다. 알고 보니 개성공단 초기 북한 노동자들이 일을 하러 들어왔을 때 이가 그렇게 많았다고 했다. 남한처럼 집집마다 수도관에서 물이 콸콸콸 흘러나오지 않고, 상하수도 시설이 과거에 머물러 있기 때문이란다. 함께 일하던 남한 사람들은 몇십, 몇백 명씩 모여 있는 그들에게서 나는 옛날 냄새도 힘들었지만 무엇보다 옷 등의 제품에 이가 튀어서 목욕시설을 갖춰 업체마다 시간과 날짜를 정해 목욕을 하도록 했다고 했다.

코가 예민한 나에겐 엘리베이터에 오래 밴 체취가 느껴졌다. 물이 귀해 잘 씻지 못하는 사람들의 냄새였다. 목욕 시설이 있다고는 하지만 그 시간이 매일 있는 것도 아니고, 또 그 시간에 집에서 가져온 빨래를 해야 해서 그런지 그 여름 공장동 북한 노동자들에게는 항상 땀에 전 냄새가 흘러나왔다. 하지만 마음은 순박하다고 느껴졌다. 남자들은 160cm는 될까 싶은 고만고만한 키에 볕에 그을린 시커먼 얼굴의 무표정으로 지나가지만, 내가 먼저 웃으며 인사하면 눈도 못 마주치고 어쩔 줄 몰라 했다. 사실 대부분의 경우 북한 사람 혼자 있으면 순박하게 웃으며 함께 고개를 꾸벅하고 인사를 하고, 북한 사람 둘 이상이 있으면 눈을 내리깔고 무표정으로 지나친다. 키가 더 작은 북한 여자들도 마찬가지였다. 혼자일 때는 입을 손으로 가리며 수줍게 웃으며 부끄러워했지만, 여럿이 있을 때는 무표정으로 눈도 마주치지 않았다. 나중에는 왜 그런지 아니까 마음이 상하지 않았다. 이들 체제에서 공화국에서 정해둔 규정을 어기게 되면 남한에서 상상할 수 있는 징계와는 차원이 다른 처벌이 뒤따를 테니까. 그런 상황들에 남한 사람도 북한 사람도 상처받지 않는 날이 왔으면 좋겠다. 누가 곁에 있든 마음껏 반가워하고 웃을 수도 있는 자유가 빨리 오기를 바란다.

#개성에서 겪은_여름_3

남한은 8.15 광복절, 북한은 8.15 해방절

무더운 여름날 불을 쓰는 급식소 식당은 더 덥다. 가끔 식당에 남한 손님이 오게 되면 뭘 사 갈까 하고 물어보는데, 그러면 꼭 아이스크림을 부탁한다. 인원수에 맞게 주시면 더 감사하겠다고도 말한다. 그런 날은 다 함께 쉬는 시간에 1명당 1개씩 아이스크림을 먹는다. 더운 여름에 녹아버리니 집에 가져갈 수도 없고 일하는 것도 힘들어 아이스크림을 먹는 날은 '에스키모, 에스키모' 하며 다들 어린 아이마냥 웃으며 좋아한다. 북한 성원들이 식당용 장화와 공기가 통하지 않는 고무 앞치마를 벗고 앉은자리에서 아이스크림을 게 눈 감추듯 먹으며 이제 살겠다고 막 웃었다. 그 모습을 보고는 나도 싱긋 웃음이 나왔다. 그런 날은 전에 없이 평화롭다고 느꼈다. 휴전선 너머 이북에 있다는 긴장감도 들지 않았고, 그냥 '우리의 소원은 통일'을 부르거나 '아리랑'을 함께 흥얼거려도 이

상하지 않았다.

조장은 식당의 가수 효숙 선생에게 꼭 노래를 부르게 시켰다.

"효숙이 한 곡 불러보라."

콧소리와 두성으로 간드러지는 북한 창법으로 나는 알지 못하는 북한 가요가 흘러나와 식당을 가득 채웠다. 용서하시라 어머니, 뭐 이런 시도 외웠던 것 같다. 개성 시내에 가면 통일관이라는 양꼬치집이 있는데 그렇게 맛있다고 나중에 점장 선생 개성 시내 오게 되면 한턱내겠다는 말도 했다. 한증막이 기가 막힌 목욕탕도 있다고 했다. 개성에 한옥으로 지어져 있다는 민속여관이라는 곳도 아주 멋지다고 했다. 나중에 남한에 나와 찾아보니 구글지도에 개성 민속여관이 정말 있었다. 하지만 양꼬치집이나 한증막은 찾기 어려웠다.

그녀들이 남한에 대해 아는 유명한 지역은 그녀들의 장군님 고향 전주와 제주도였다. 특히 제주도를 꿈의 섬으로 생각했다. 훗날 주말에 남한에 나와 짬을 내어 신랑과 제주도 여행을 갔고 그때 사진을 찍었던 디지털 카메라를 가져가 보았다. 북한 성원은 내 디지털 카메라를 들고 사진은 어떻게 찍는 것이냐고 물어봤다. 기계를 어떻게 사용하는지 시범을 보여주고, 예전에 찍은 사진들을 궁금해하기에. 그냥 보라고 건네줬다. 북한 성원들이 다 같이 모여 그 작은 사진기 안으로 빨려 들어갈 듯 보고 또 봤다. 물론 조장이 자리를 비웠기에

가능했다. 제주도 여행 사진이며, 남한의 세련된 레스토랑 같은 곳에서 찍은 사진들, 건물들, 차들을 보면 작은 새같이 종알종알거리던 북한 직원들의 입은 조용~해졌다. 이렇다 저렇다 말이 없어진다. 눈만 꿈뻑꿈뻑 사진기 안을 들여다봤다. 조장이 식당 안으로 들어오자 모두 흩어져 조용히 세척실로 들어갔다.

함께 일하던 북한 직원들과도 사진으로 추억을 남기고 싶었는데 그럴 수 없었다. 그녀들은 나중에 통일되면 같이 사진 찍자고 했다. 평양식당 접대원이나 지배인은 아무렇지도 않게 사진을 같이 찍어주었는데, 사진을 찍어도 되는 사람과 안 되는 사람이 다 정해져 있는 것 같았다. 주로 깨끗하고 화려한 옷을 입고 휘장(김일성 · 김정일 얼굴이 그려진)을 단 사람들, 키도 크고 얼굴도 멀끔하고 화려한 사람들은 언제든 같이 사진을 찍자고 해도 바로 수락했다. 하지만 개성에서의 기억을 가장 많이 공유한 우리 식당 성원들의 얼굴은 끝내 카메라에 담을 수 없었다. 이제는 점차 기억도 흐릿해져간다. 통일이 되면 개성 시내에 꼭 가서 그녀들을 만나보고 싶은데 그녀들은 내 얼굴을 기억할지 모르겠다. 그렇게 갑자기 헤어질 줄 알았다면, 같이 사진은 못 찍더라도 폴라로이드 사진이라도 찍어서 각자의 모습을 간직하라고 선물해줄걸 그랬다.

북한 성원들은 정말 남한 사람들에게 관심 많은 듯했다. 쉬는 시간에 다 같이 있게 되면, 꼭 남한 이야기를 물어본다. 여자들 미용에 대한 것이나 간단한 의료적인 것들, 집안일은 어떻게 하는지 등등. 그중 기억에 남는 질문이, "점장 선생 남측 사람은 우리를 어떻게 생각해요? 이 공업지구에 대해 어떻게 말들 해요?"였다. 나는 사실대로 말했다. 별 관심이 없다고. 남한 사람들 대부분 본인 살기도 바쁘고, 요즘 사람들에게 통일문제나 북한은 큰 관심사가 아니라고 했다. 사실 내 주변만 봐도 관련된 일을 하지 않는 이상 개성에 들어가 일하는 것을 좀 별나다고 생각하기도 했다. 그랬더니 북한 직원들, 특히 조장은 북한에 관심이 없다고 서운함을 넘어 역정(?)을 냈다. 어떻게 한민족인데 우리한테, 통일문제에 관심이 없냐고 했다.

비록 최근 북한이탈주민들이 텔레비전에 많이 출연해 북한 얘기를 하여 북한에 대한 관심이 생기긴 했지만, 다수의 젊은 사람들이 북한에 관심이 없는 것은 사실 아닐까 싶었다. 나는 그녀들에게 '남측은 정보의 홍수에 살고 있고, 북측에 대한 것뿐 아니라 시시각각 세계의 뉴스가 쏟아져 나오는 걸 보고 자기의 삶을 살아가고 있느라 한민족이라고 해도 북측에 관심을 갖지 못하는 것'이라고 말해줬다. 하지만 여전히 북한 성원들은 서운해했다. 이건 마치 관심 있는 썸남이 자기에게 전혀 관심도 없다는 것을 확인했을 때 느끼는 서운함을 넘어선 분노 같은 느낌이었다.

도대체 왜 우리 공화국에, 통일문제가 너희들한테는 뒷전인 거냐는 그들의 덩어리진 서운함을 보며, 인간관계에서도 그렇든, '관심이 있어야 서운하지' 하는 생각이 들었다. 그래서 그들의 서운함이 완전히 이해되지는 않았지만, 조금은 알 수 있을 것 같다는 생각도 들었다. 정보가 제한적이고 시야를 대부분 남쪽으로 둘 수밖에 없는 그들을 보며 한동네에서만 쭉 살면서 동네를 벗어나지 못하는 친구와 시·도를 넘어 국경을 자유롭게 다니는 친구가 과거 눈깔사탕 추억은 공유할 수 있어도 미래에 관한 얘기를 공유하는 것은 힘들지 않을까 생각했다. 서로가 보는 시야의 넓이가 이렇게 다른데 여전히 과거를 회상하고 동네에서 우리끼리만 잘 놀아보자는 친구의 손을 잡고 함께 시가지를 벗어나 보지 않는다면 어떠한 공존이 가능할까 싶었다.

이후 한참을 서운함과 분함을 오가던 북한 직원들은 마침 그날 식당 앞 안내판을 보고 다시 들어와서는 갑자기 굳은 표정으로 나에게 와서 "점장 선생, 식단표에 15일 휴무를 '남한의 8.15 광복절과 북한의 휴일로 인한 휴무입니다'라고 썼는데 이게 무슨 말이요" 하며 언성을 높였다. "어떻게 이런 행태를 할 수가 있소, 같이 해방됐지 남쪽만 해방되었소, 우리도 해방절이라 부릅니다. 이 문구를 당장에 고치지 않는다면 당장 위에 보고하겠어요" 하며 으름장을 놨다. 북한 휴일 이름을 몰라 휴일이라 썼는데, 그게 그렇게 기분이 나쁜 일인가 하다가 알았다고, 수정하면 되지 않겠냐고 잘 타이르니 또 차분해졌다. 결국 8월 15일 휴무란에는 '한반도가 일제의 탄압에서 해방, 광복된 날이므로 남측과 북측 휴일로 인한 휴무입니다'라고 아주 길게 쓰고 마무리되었다.

회식날은 상 위의 음식을 싸 가는 게 합법?!

하루는 주문받은 닭고기가 남아 냉장고에 다시 넣지도, 다음 끼니에 쓰지도 못할 상황이 되었다. 이런 때는 과감히 회식을 결정한다. 남한 사람들이 먹는 급식에 나갈 것이 아니라 직원식으로 먹을 닭이므로 북한 조장 선생에게 넘긴다.(급식업체 계약 시 이 업체는 남한 사람들이 먹을 식사는 조리사만 조리하도록 했었다.)

"조장 선생, 맛있는 것 해주세요~"

그러면 씨익 웃으며 알았다고 한다. 목소리를 가다듬고 "현이 동무 숙이 동무 오라, 맛있게 한번 해보라" 하고 시킨다. 조장의 말에는 조원들이 상당히 재빠르다. 커다란 팬에 기름을 넉넉히 두르고 파와 양파를 넣어서 향을 올린다. 완성된 파 기름에 닭을 넣고 간장, 된장 등의 장류를 넣고 불꽃 튀게 볶고 조린다. 노릇노릇 굽는 냄새가 고소하고 짭조

름한 향이 들 때쯤, 조장이 나에게 고기를 한 점 접시에 올려 맛을 보라고 부른다. 급식할 때 매번 검식을 하니, 으레 식사 준비를 하면 내가 제일 먼저 먹어야 하는 줄 아는 것 같다. 한 입 먹어본 고기는 짭조름하니 밥반찬에 그만이었다. 맛있다고 하니 조장 선생이 활짝 웃는다. 역시 우리 사람이 요리도 입맛 돌게 하고 재주도 좋다고 자랑이다. 으레 듣는 말들에 나는 네네~ 하고 대답한다. 완성된 음식을 남한 사람인 나와 실장 할머니가 먼저 각자의 접시에 덜고 나면, 북한 성원들이 차례로 음식을 던다. 나이순도 아니었고, 그냥 계급순같이 보였다.

그렇게 나름 즐거운 직원식이 시작된다. 그런데 아무리 시간이 지나도 북한 성원들 접시 위의 고기가 줄지 않는다. 맛있게 먹을 줄 알고 회식을 하자고 했는데, 식사가 끝날 때까지 음식이 전혀 줄질 않았다. 이번 닭고기 회식뿐 아니라 삼겹살을 다 같이 구워 먹었을 때도 마찬가지다. 여름에 뜨거운 불 앞에서 일하니 다들 몸보신을 하자고 고기를 구웠는데 접시 앞에만 놓고는 한참을 밥이랑 김치 푸성귀들만 지분거리다가 자기들은 다 먹었으니 퇴근 준비 한다고 고기만 그대로인 접시를 들고 후다닥 일어나 세척실로 들어간다. 실장 할머니는 "왜 하나도 안 먹고 그냥 일어나!" 하시며 소리를 친다. 나는 그들의 마음을 조금은 이해할 것 같았다. 한참 후에 북한 성원들이 모두 사라진 이후 말했다. "실장님, 우리 성원들이 다 엄마라 그런가 봐요. 나도 식구들 곁에 있으면 맛있는 거 보면 다 먹여주고 싶고 그래요~ 훔쳐 가는 거 아니고 자기들 먹을 거 남겨 가는 거니까~ 아무 말씀 마세요" 하고 허허 웃으니 실장 할머니도 그제야 같이 웃는다. 알면서 괜히 면박이셨다.

사실 북한 성원들 최대의 적은 이분이다. 나야 늘 주방을 둘러볼 수가 없고 사무실에 앉아 서류작업을 하니 잘 몰랐지만 개성 10년의 세월 동안 북한 분들과 함께 일한 실장 할머니는 그들이 뭘 훔쳐 가지 않을까 늘 감시했고, 잡아냈다. 북한 성원들은 성미가 고약하다며 실장 할머니가 한 음식이 맛이 없다고 했다. 그렇게 그녀들이 가져간 것은 건물의 북한대표 밥을 따로 지어 상을 봐줄 쌀 얼마, 고기 몇 조각 같은 것들이었다. 그녀들이 먹거나 가져갈 양도 되지 않았지만, 실장 할머니는 늘 스트레스를 받으셨다. 음식보다 그녀들의 우기는 태도, 남한 비하적인 말, 습관적인 거짓말 같은 것들이 싫으셨던 것 같다. 그래도 쉬는 날 남한에 나가 있으면 "고것들 밥은 잘 먹고 있을라나, 굶지는 않나" 걱정이 되신다고 했다. 실장 할머니와의 대화 후 나는 그녀들이 닭고기를 담아갈 방법도 마땅치 않을 텐데 누렇게 김치국물 배어 있는 위생 봉지를 한 번 털어내고 음식물을 싸 가려나 싶고, 그래도 먹는 음식인데 깨끗하게 가져가야지 싶어 새 위생비닐을 인원수대로 뜯어 세척실 문틈으로 손만 내밀어 건

네주니 안에서 받았다. 조장은 무슨 일이냐며 소리치는 소리가 들렸다. 금숙 선생의 "아니, 점장 선생이 이걸…" 하는 소리가 들렸다. 그리고 웃음소리, 다시 음식 싸고 떠드는 소리들…. 일부러 직원들이 갈 때는 밖을 내다보지 않고 사무실 안에서 큰 소리로 인사했다. 예전에 한 번 나갔다가 남은 음식물을 넣은 바구니를 들고 가다 뒷걸음질 치는 장면을 본 적이 있어서 일부러 그렇게 했다.

비록 이날 회식은 북한 성원들과 함께 더 가까워질 수 있는 시간은 되지 못했지만 자그마한 계기 하나는 되지 않았을까 싶다. 그렇다고 내일은 다를 것이라는 기대는 하지 않았다. 다만 그들 마음속에 화목의 작은 풀씨 하나는 심었기를 바랐다.

북한 성원 향이의 임신과 그녀들의 총화*

향이는 북한 성원 중 막내였다. 덩치가 제법 있고 솜씨는 부족해 북한 성원들에게도 실장 할머니에게도 하루 한 번은 핀잔을 듣는 친구다. 물론 북한 사람들은 남한 사람들이 있는 공간에서는 서로의 흉을 보지 않는다. 다만 끼리끼리 있을 때, 예를 들어 부엌에서는 핀잔을 자주 듣는다고 자칭 소식통 실장 할머니가 말해주었다. 어느 날 조용히 사무실로 와 말했다.

"향 선생 아기 가진 거 같아~"

놀란 나는 "설마요~" 하고 대답했다. 향 선생은 아직 시집도 안 간 처녀였고, 북한에서는 여성들이 매우 보수적이라고

* 총화: 생활총화는 조직 또는 집단 내에서 2일 또는 한 주, 월간, 분기별로 자기생활을 검증받는 회의. 예컨대 한 주간 생활에 대한 성과 및 문제점을 지적한 후 자아비판으로 이어진다. 자아비판 후 호상비판(상호비판)을 통해 서로의 생활을 비판하거나, 비판을 받음으로써 자기반성으로 검증을 받는 형식이다.

했다. 게다가 새벽같이 나오고 밤에나 들어가는데 연애할 시간이 있었을까 하는 것이 나의 추측이었다. 하지만 나보다 더 오래 이곳에 계신 실장 할머니는 말한다.

"여기가 뭐 결혼 하면 한다고 하고 말하는 덴가~ 다 모르는 거여~"

이야기를 듣고 보니 진짜 임신을 한 걸까 싶기도 했지만 그렇다고 남한 사람인 내가 대놓고 물어본다고 진실을 얘기해 줄 것 같지도 않았다. 그래도 만약 임신했다면 저렇게 힘든 일을 하고 막 움직여도 되는 건가 싶기도 했다.

그날은 중복이라 북한당국에서 AI 문제가 있다고 주장하는 국내산 남한 닭 대신 얼굴만 한 사이즈의 미국산 닭다리(사각장각)에 황기와 대추를 넣고 푹 고은 닭백숙을 급식에 넣고 직원들도 식사로 먹으려는데 향 선생만 입을 살짝 막으며 뒤로 빠졌다. 그냥 먹고프지가 않다고 했다. 그리 먹성이 좋은 친구인데, 언니들 때문에 눈치 보여 그러나 싶어 조용히 한 번 더 권하니 그냥 웃으면서 내뺀다. 계속 안 먹기에 왜 안 먹냐고 물어보니 얼굴이 벌겋게 달아올랐다. 할머님은 깜빡이도 켜지 않고 바로 돌직구를 던졌다.

"애기 가졌지?"

다들 당황했는지 아무도 대답하지 않고 흠흠거리기만 했다. 당황스러움이 흠뻑 느껴지는 분위기에 실장 할머니는 그제서야 덧붙였다.

"개인적인 이야기라 미안하지만 여기는 직장이고 위험하니 조심해야 혀. 미끄럽고 솟덩이 나르고 하는 덴디, 어쩔라고!!"

이렇게 임신 사실이 기정사실화가 되자, 다시 한 번 확인을 한다.

"진짜 임신 맞아요?"

그러니 향 선생은 얼굴이 다시 벌겋게 달아올라서 답한다.

"맞습니다."

공식적으로 아기를 가졌다는 확인이었다. 내 입에서는 "정말 축하해요, 너무 귀하다"라는 말이 자동으로 나왔다. 그러자 조장은 갑자기 다음 주에 향 선생이 결혼을 한다고 했다. 휴가를 한 주 내주어야 한다며. 여기는 개인 대소사, 퇴사를 하게 되더라도 전날까지 말하지 않는데 결혼을 한다고 먼저 말하니 신기했다. 휴가를 쓰는 것도 미리 말 안 하고 당일부터 안 나오든지 한다. 이유는 단출했다. 집에 일이 있어서, 식구가 아파서, 본인이 몸이 아파서가 일반적인 대답인데 이렇게 솔직하게 얘기해주니 오히려 고마웠다. 최근 향 선생이 결근이 많아 무슨 일인가 했는데, 잘됐다 싶기도 했다.

반쪽이 된 얼굴에 험한 식당일이 걱정도 되어서 나의 작은 권한으로 주1회 유급반차를 주려 했더니 조장이 안 된다고 했다. 나는 조장에게 그러면 임신한 향 선생의 퇴근시간을 좀 당겼으면 좋겠다고 하니 계속 딴청이다. 자기 몸보다도 큰 솥, 깨지기 쉬운 수백 개의 그릇, 그리고 미끄러운 바닥까지 위험하다고 생각했지만, 조장은 융통성을 발휘해주지 않았다. 사람 빠지면 힘이 드니 자기들이 알아서 하겠다고 사양하겠다고 했다. 그들만의 룰이 있을 것이고 당사자가 불편하겠다 싶어 일단 알았다고 했다.

대신 호두며 우유 같은 것들을 몰래, 조용히, 친분이 있는 다른 충성 성원에게 말해 전달했다. 처음엔 전해줘도 되는지 안 되는지 몰라서 그녀에게 슬쩍 건넸는데 그 마음을 알고 조용히 가져가 먹였다. 조장이 안 보는 사이 입모양으로 말했다. '전해주었으니까 조장한테 말하지 말라고.' 호두 하나 먹는 것까지도 007작전이다. 이게 뭐라고. 속상했다. 조장이 알면 안 되니 몰래몰래 했다. 뒷짐 진 손으로 손짓을 하면 주위를 살피고 그대로 앞치마에 숨겨 가져가 향 성원이 혼자 있는 세척실에서 먹이고 흔적을 없앤다. 뭐라도 먹이고 싶기도 하고 또 괜히 내가 챙겨 조장 눈에 미운털이 박힐까 걱정되어 심란했다. 그 마음을 아는지 한번은 향이의 눈가에 물기가 핑그르르 했다. 자유. 자유. 감시 없는 자유가 간절하다고 느꼈다.

향이 임신한 것을 알고 난 뒤부터 혹시 먹고 싶은 것이 있을까 하고 성원들 모두에게 물어보는 체 무심한 톤으로 향에게 슬쩍 물어보았다.

"조장 선생은 카레 드시고 싶다고 했고, 다른 분들은요? 향 선생은 뭐 먹고 싶은 거 없어요?"

향은 대답했다.

“없습니다. 먹고 싶은 거 다 여기서 먹습니다.”

그러면 더 물어보지 않고 임산부에게 건강한 음식들을 고려해 식단에 넣었다. 그해 겨울쯤 향 선생은 육아휴직으로 집으로 들어갔다. 나이가 어리기도 하고, 특히 내가 있는 기간 동안 임신을 한 성원이라 정이 많이 갔다. 하지만 생각보다 많은 것을 해줄 기회는 없었다. 남한식으로 아기 옷 한 벌 사주고 싶은 것도 오히려 그녀만 선물을 받았다고 문책 받을까봐 하지 못했다. 언젠가 그녀들의 총화소리를 들은 적이 있기 때문이다.

어느 날, 그녀들이 쉬는 시간이 끝나고 업무 시간이 다 되도록 오질 않아서 올라가 봤더니 서로 소리를 지르고 난리도 아니었다. 말투도 날카롭고 억셌다. 엿듣는 것은 예의가 아니지만 너무 궁금해서 조용히 들어보았다. 잘못했다고 비는 말도 들리고 언니들에게 그렇게 하는 것은 네 잘못이다, 라며 소리를 지르는 것도 들렸다. 업무 시간도 되었고, 누가 혼나건 그만 혼났음 해서 인기척을 내어 온 표시를 냈다. 한순간 방 안이 조용해지더니 은숙 성원이 문을 빼꼼히 열고 나와 나를 바라본다. 다시 문을 닫고 조장에게 말하는 소리가 들렸다.

”점장 선생입니다 조장 동지.”

내가 업무 시간인데 아무도 안 내려와서 올라와 봤다고 한참 지났으니 내려오시라고 말하니 조장은 얼굴이 시뻘겋게 달아오른 얼굴로 방긋 웃으며 “우리 사람들 중요한 볼일이 있으니 좀 있다 내려가겠수다" 했다. 문틈으로 보인 성원들 얼굴은 울상이며 다들 상기되어 있었다. 내려와서는 다들 눈도 마주치지 않고 각자의 일을 했다. 이것이 말로만 듣던 총화인가 싶어서 좀 얼떨떨하기도 하고 이질적인 마음도 들었다.

나중에 개성의 남한 사람들에게 들은 바로는 개성에서는 조장의 '끝발'이 정말 세고 중요하다고 했다. 조장들의 눈 밖에 나는 행동 즉, 남한 사람들과 너무 가깝게 지낸다든지 혹은 권위에 대한 도전들, 튀는 행동을 하게 되면 총화 때 호되게 훈계 받게 되는데 그것이 그냥 말로만 끝나지 않기도 한다고 했다. 빰을 때리고 정강이를 걷어차고 머리를 때리고 하는 일들이 있지만 남한 사람이 보는 데서 하지 않을뿐더러 설사 보게 되더라도 그들의 일이기 때문에 아는 척해서는 안 된다고 했다. 다른 직장에서는 간혹 후미진 곳에 불려 나가 엎드려 뻗쳐진 자세로 각목으로 맞기도 한다고 했다.

그 순간 남한의 7~80년대 공장 직공들의 이야기들을 다룬 소설들이 생각났다. 인권 유린이 빈번하던 그 시절의 사람들. 나는 80년대 중반 한참 민주화에 대한 열망을 꽃피우기 시작할 때 태어난 세대다. 하도 민주화, 민주화 해서 부모님이 이름도 민주로 지으셨다. 내가 태어난 이후 한참을 더 흘러서야 문민정부가 들어섰지만 철들고 나서부터 지금까지 죽 인권에 대해 교육받고 자라왔기에 북한의 이런 모습들을 받아들이기 힘들었다. 공단의 60대 후반 남한 사람들은 우리도 옛날엔 다 이랬다고 했다. 하지만 2015년 그 당시 나에게 개성의 모습은 시간이 과거로 돌아간 것만 같았다. IOL(국제노동기구)나 엠네스티(국제인권기구)가 이곳에 왔다면 아마 보고서가 산더미처럼 쌓일 것이라는 생각이 들었다. 한 2~30년 전 우리나라도 마찬가지였겠지만.

여하튼 향 선생과는 인사도 하지 못하고 헤어졌다. 그녀에게 유난히 정이 가서 다른 사람들에게보다 유한 말이 나왔다. 북한 사람들이 향 선생에게 화낼 만한 실수를 하면 아무도 없을 때 옆에서 조용히 같이 치워주며 말했다.

"향아, 언니들이 보면 또 화내겠다. 조심해야지."

처음에는 뒷걸음질 치고 도망가더니 한 계절쯤 바뀌니 그냥 수줍게 웃었다. 어느 날 총화가 끝나고 조장은 나에게 할 말이 있다고 했다. 향이라고 부르지 말라고, 우리는 북한대표 당신은 남한대표니 존중하라고 했다. 언니들 뒤에 선 향 선생의 표정은 잔뜩 굳어 있었다. 이번엔 조장의 말이 틀린 것이 없었다. 알았다고 했다. 우리 사람들과 가깝게 지내려고 하지 말고 일하러 왔으면 일만 하라고 했다. 나만큼이나 표정 관리가 안 되는 성원 몇은 어쩔 줄 모르는 표정으로 안타깝게 나를 바라보다 눈을 돌리곤 했지만 이번에도 역시 알았다고 했다. 그 후 일부러 그녀들에게 먼저 따로 말 걸 일 없이 전달사항은 실장 할머니를 통해 했다. 맥심 커피를 타러 온 효숙이 사무실 안쪽으로 아주 살짝 고개를 내밀어 찡긋했다. 정작 나는 환하게 웃어줄 수 없었다. 밖에서 보이는 유리로 된 사무실에서 내가 북한 직원과 친근한 모습을 또 조장이 보게 된다면 이번 차례는 효숙일 것이라는 생각에서였다.

그렇게 안녕도 못하고 헤어진 정든 사람들이 그곳에 있다. 매번 그녀들이 말도 안 하고 한 사람씩 떠났었는데, 개성공단이 폐쇄된 걸로 한방에 돌려준 건가 하는 생각이 들었다. 자기들도 그렇게 문을 닫고 다 떠날 줄은 몰랐겠지. 그래도 이런 식의 이별은 싫다. 다시 한 번 이별한다면 더 정중했으면 좋겠다는 생각이 들었다. 아니, 아예 이별하지 않고 오며 가며 어떻게 사는지, 어떻게 늙는지 아이는 얼마나 컸는지 볼 수 있으면 좋겠다. 서로 오해하고 거리 둬야 하는 상황이 없었으면 좋겠다는 생각도 든다. 향이의 아이는 지금쯤 들판을 뛰어다닐 나이가 되었겠지. 그 아이도 그녀를 닮았을지 궁금하다.

효숙 성원의 귀한 포도 두 송이, 한 송이는 시댁에 한 송이는 친정에

효숙 성원은 20대 초반에 결혼해 아이를 낳고 시어머니가 봐주는 덕에 개성공단을 다니며 일을 한다고 했다. 여름 장마로 어두웠던 어느 날 새벽, 하루는 효숙 선생이 쌀을 훔쳤다. 실장 할머니가 현장에서 잡았다고 점장 선생이 큰소리를 하라고 했다. 내가 사무실 밖으로 나가 얘기 좀 하자고 부르니 잠시 뒤 조장 선생과 함께 나타났다. 왜 그랬냐고 물어보자 울고 싶은 표정으로 계속 변명을 했다.

이번이 처음이 아니었다. 지난번에도, 또 그 전에도 물품을 훔쳐 간 전적이 있었다. 유독 그녀만 그랬다. 지난번 사례까지 함께 이야기하며 대체 왜 이러냐고 하자 오히려 나에게 화를 냈다. 나도 그들의 도둑질을 받아주고만 있을 수 없어 이번에는 제대로 붙어보기로 했다. 6개월이면 함께 지낸 시간이 꽤 되었는데 신뢰가 어느 정도 형성되지 않았나 생각했고, 서로에게 예의를 지킬 때가 된 것 같았다. 훔쳐 가는 것은 나를 얕잡아보고 무시해서라는 생각이 들어 더 속상했다. 나름대로 북한 성원들의 입장에서 이해하기 위해 노력했다. 그럼에도 불구하고 앞에서는 웃으며 얘기하고는 뒤에서 이렇게 행동하는 것이 이해가 되질 않아 마음이 너무 괴로웠다.

조장에게 효숙 선생의 나쁜 손버릇이 벌써 세 번째라고 성원들 관리가 안 되는 거냐고 얘길 했다. 사실 가져간 손은 효숙 선생이지만, 분명 시킨 손은 조장 선생이었다. 조장의 허락 또는 묵인 없이는 바늘 하나도 건드리면 안 되는 이곳 개성에서, 결코 효숙 선생이 혼자 이러한 행동을 했을 리 없었다. 혹여 그랬다가는 아주 심한 문책을 당했을 것이다. 조장 선생은 일단 사정을 들어보자고 하지만, 이미 다 알고 있는 눈치였다.

효숙 선생은 눈을 내리깔고, 부끄러워했다. 하지만 조장은 여전히 당당한 표정으로 답변했다.

"내 눈으로 본 적 없으니 효숙 선생이 쌀을 훔친 걸 믿지 않겠습니다."

조장의 태도에 더욱 화가 난 나는 이 건물에서 북한 직원들을 관리하는 대표 선생에게 얘길 하겠다고 했더니, 큰 소리를 지른다.

"식당 안에서의 일은 식당 안에서 해결해야지 왜 밖에 가지고 나가나!"

분명 실장 할머니는 효숙 선생이 쌀을 훔친 것을 봤다고 했다. 뿐만 아니라 이번이 벌써 세 번째라는 것도 분명하다며. 급식소를 책임지고 있는 상황에서 쌀을 훔치는 것을 결코 모른 체할 수가 없다고 다시 한번 힘을 주어 말하니, 북한 조장은 결코 자기들의 행동이 아니라고 우겼다. 지금 생각해보면 이 모든 상황에서 가장 힘들었을 사람은 효숙 선생이었다. 효숙 선생의 얼굴은 늘 주근깨가 가득했다. 어깨도 가장 많이 굽어 있었고, 조장 눈치도 가장 많이 봤다. 흔히 북한 사람들이 말하는 출신성분이 다른 개성사람들보다 좋지 못한가 보다 하고 어림짐작했었는데 아니나 다를까 꼭 나쁜 짓은 효숙 선생에게만 시켰다. 걸리면 조장은 도마뱀처럼 꼬리를 싹 잘랐다.

안타깝게도, 당시 나는 효숙 선생 일을 지혜롭게 처리할 경험과 지혜가 부족했다. 서로 감정만 상하고, 마땅한 해결책도 사실 부재했다. 남한에서라면 말도 안 될 일들이었다. 끝까지 오리발을 내미는 북한 성원들, 자기 눈으로 훔치는 거 못 봤으니 우리는 훔친 게 아니라는 조장까지… 결국 쌀을 훔쳐 간 날짜와 시간을 메모하고, 추후 다시 이러한 사건이 없게 하자고 경고하는 것으로 일을 마무리했다. 사건은 결국 덮였지만, 잔뜩 풀이 죽어 있는 효숙 선생의 굽은 어깨는 그날따라 더욱 굽어 있는 것 같았고, 작은 몸은 더욱 의기소침해 있었다. 그들을 믿고 싶던 내 마음처럼.

후에 개성의 모든 식당 위생점검 때 전모가 밝혀졌다. 몇 공기씩 퍼 나르던 쌀, 몇 점씩 사라지던 고기들, 생선들은 건물 북한 대표의 개인 밥상을 위한 것이었다. 그는 이 건물 북한 사람들에게 왕 같은 존재였던지, 우리 식당 성원들은 차례로 돌아가며 그의 개인 밥상을 지었다. 북한식당 자물쇠가 채워진 냉장고를 위생점검을 하던 세스코 직원이 열어야 한다고 하자 결국 열쇠를 가져와 열었는데 훔쳐 갔다던 음식들이 그 안에 다 있었다. 먹을 것을 훔쳐서 이렇게까지 상납해야 하나 싶은 마음에 속상한 기분이 들었다.

그녀들은 그 말을 나에게 할 수 없었고 나는 그 일을 아는 체하지 않았다. 대신 조장에게 필요한 게 있으면 그냥 이야길 해줬으면 좋겠다. 내가 모르는 사이에 이런 일이 일어나는 게 불쾌하다고 얘기했고, 그날따라 조장은 가만히 듣고만 있었다. 이후 한참을 효숙 선생이 무얼 훔쳤다는 이야기를 듣지 못했다. 하지만 그 후에도 몇 차례 그런 일들이 있었다. 특히 북한에서 맛보기 힘든 음식들이 올라올 땐 더 그랬다. 하지만 그전처럼 그렇게 밉지는 않았다. 아니 밉긴 미웠다. 그래도 좀 덜 미웠다. 좀 덜 서운했다.

이랬다 저랬다 하는 감정으로 하루하루를 함께 살아가던 2015년 여름은 과일이 참 달았다. 뉴스에서는 가뭄 때문이라고 했다. 특히 포도는 참 달고 저렴했다. 남한의 마트에서 양 많고 저렴한 포도들을 볼 때면 한 박스씩 사 와서 북한 성원들에게 나눠주고 싶었다. 하지만 월요일 새벽마다 육로로 개성에 오며 내 몸 하나 챙기기 힘들었기에 무거운 과일을 박스로 들고 가려는 생각은 결코 할 수가 없었다.

어느 날 남한에서 식품반입을 하시던 냉장배송 기사님이, 복숭아 몇 알과 포도 한 박스를 사서 주셨다. 가족하고 떨어져 개성에서 힘들 텐데 과일도 먹고 하라면서 사무실에 넣어 주셨다. 감사하다고 말씀드리고 배송 기사님이 가신 후 박스 채 꺼내어 재포장을 했다. 포도송이는 넉넉해 두 송이씩 위생비닐에 싸서 모두 가져가게 식당에 두니, 북한 직원들은 입꼬리만 자꾸 올라가고 좋다는 말은 없다가, 세척실 안에서는 웃는 소리로 왁자지껄했다. 나는 고양이 걸음으로 세척실 문 앞으로 가 웃음소리를 들으며 혼자 즐거워하다가 다시 사무실로 들어갔다.

한참 후 효숙 선생이 쪼르르 달려 나오더니 말한다.

"점장 선생 나 봉지 하나만 더 주세요. 시댁에 한 송이 가져가고 친정에 한 송이 가져갈라 해요~"

수줍게 웃는다. 혼자 먹어도 금방 먹을 만큼 손바닥만 한 포도 한 송이를 친정과 시댁에 나눌 생각을 한다는 것도 신기했다. 또 한편으로는 다 가져다주면 효숙 선생은 먹을 수나 있는 것일까 하는 생각도 들었다. 말없이 봉투를 내밀었다. 그들 역시 자신들이 먹는 것보다 자식 입에 들어가는 것을 더 신경 쓰고, 남편과 부모님께 드리는 것에 더 마음을 두는 우리네 어머니 같은 마음을 가지고 있다는 생각이 들었다.

가까워져도 절대 넘지 않는 선, 김유정의 『봄봄』에서 여자 주인공이 했던 대사처럼 "느이 집엔 이거 없지?" 하고 포실포실 맛있는 감자를 건네면 안 되는 기분. 그 남자 주인공이 받지 않은 이유는 6차 교육과정 이상을 지난 대한민국 국민이라면 다 안다. 개성에서는 생색 내며 주는 선물은 받지 않았다. 그냥 조용히 무심히, 하지만 배려하며 건네는 것들은 안 기쁜 척하며 받았다. 안쪽에서 웃는 소리 다 들리는데도 말이다. 물론 받는 태도가 좋지 않다는 건 안다. 고맙다는 말을 들은 기억이 거의 없다. 남한에 와 북한이탈주민 관련 업무를 하며 만난 참 좋은 친구들이 있다. 그들에게 개성의 상황을 얘기해주니 말한다.

"그래주면 얼마나 고마운데요. 진짜 고마운데 다른 사람들 있는 데서는 절대 말 못해요. 그리고 말 못해서 미안해해요."

실제로 북한 사람들이 남한 사람들에 대한 호기심과 친밀감을 가지고 있다고도 했다. 하지만 다가갈 수 없다고. 혼자 큰일 나는 게 아니고 가족이 다 큰일이 난다고. 외국에서 노동자로 일했던 어떤 북한이탈주민 아저씨는 근처에 남한 사람이 하는 식당이 있어서 일 년을 주변만 뱅뱅 돌다가 들어가서 조선족인 것처럼 밥만 먹고 나왔는데, 말 안 해도 다 아는 것처럼 아무것도 묻지 않고 반찬도 더 가져다주고 고깃국도 더 퍼다 주고 친절하게 대해줘서 타지에서 같은 조선말 하는 사람 만나 너무 좋았다고 했다. 그래도 결국엔 문제가 될까 싶어 말 한마디 못 했다고 했다. 그런 남한 사람을 만나본 것이 탈북하는 계기 중 한 가지가 되기도 했다고.

생각해보면 남한 대부분의 사람들은 이런 이야기를 듣기가 힘들다. 북한의 공식적인 채널로 북한의 소리를 들을 수밖에 없으니 무례하고 몰상식한 북한 아나운서의 말들에 화가 나고 뭐 저런 사람들이 있나 싶다. 북한에서 일 년을 생활한 나도 그렇다. 그런데 한 가지 분명한 것은 그 무례함만이 그들의 목소리는 아니다. 이건 확신할 수 있다. 여전히 한 번, 두 번 만난 남한 사람에 대한 호의와 고마움을 가지고 있는 사람들도 있다. 내가 만났던 그녀들처럼.

1톤 탑차를 타고 휴전선 넘어 결혼하러 다녀올게요!

2015년 6월, 나는 다년간의 연애생활을 마무리 짓고 결혼을 했다. 개성에 들어가기 이전부터 계획되어 있던 결혼이었다. 개성공단은 들어오는 시간과 나가는 시간, 차량 들어오고 나가는 시간이 다 철저히 정해져 있었다. 결혼식 전날은 내가 나가는 시간대에 버스가 없어 평소 남한에서 식재료를 가지고 와주셨던 배송 기사님께 내일 결혼을 해야 한다고 차를 좀 얻어 타고 갈 수 있겠냐고 부탁을 했다. 북한 성원들도 모두 모여 "결혼 잘 하고 와요~" 하던 모습이 생생하다.

결혼식 18시간 전에야 비로소 나는 휴전선을 내려올 수 있었다. 그것도 1톤짜리 냉동 탑차를 이용해서 말이다. 그 흔한 신부마사지 한 번 하지 못하고 집으로 가 신혼여행 갈 짐을 챙겼다. 전날 일회용 시트팩을 붙이는 것으로 위안 삼고 다음 날 비가 억수같이 내리는 오후에 결혼식을 했다.

원래 결혼식에 직장 사람들도 다 오는 거라던데, 우리 성원들도 함께할 수 있으면 얼마나 좋을까 생각했다. 그녀들이 사복을 입고 단체로 웃고 있는 모습을 떠올려보기도 했다. 얄밉지만 자꾸 생각났다. 당시 장교였던 신랑 덕에 결혼식은 군 호텔에서 진행했고, 식장에도 군인들이 잔뜩 왔다. 그녀들이 왔으면 아마 깜짝 놀랐을 거다. 매일 북한 군인들에 둘러싸여 사는 내 심정을 이해하려나 싶어 웃음이 났다.

그렇게 어제는 북한에 있다가 오늘은 남한에서 신나고 행복하게 결혼식을 치르고 그날 저녁 8시간을 날아 여전히 오늘인 미국 워싱턴과 뉴욕으로 신혼여행을 떠났다. 아마 우리 북한 성원들은 나를 정통 미제 앞잡이(?)로 생각했을 거다. 북한에서는 결혼을 하면 먼저 김일성 · 김정일 동상에 가서 참배하고 인사와 사진을 찍고 온다니, 그녀들은 아마 결혼하자마자 화이트 하우스 앞에서 사진을 찍은 내가 멀리서나마 미국 대통령에게 인사라도 하러 간 줄 알았을지도 모르겠다.

직접 결혼식에 오기 힘들었던 개성의 남한 분들은 결혼 전부터 생각지도 못하게 선물이며 축의금을 주셨다. 흰 봉투에 달러나 원화를 담아 정말 축하한다며 따뜻한 마음을 담은 글도 적어주시고, 축복해주셨다. 개성 남한 사람들의 딸이 된 것 같은 기분이었다. 결혼 전주는 매 시간마다 사무실에 있으면 북한 성원들이 큰 소리로 나를 찾았다.

"점장 선생 손님 왔어요!"

나가면 어른들께서 축하인사와 함께 봉투를 주셨는데, 나와 또래인 북한 성원들은 그때마다 물끄러미 그런 모습들을 지켜보곤 했다. 너무 궁금했는지, 나에게 슬쩍 와서 물어본다.

"그게 얼마야요?"

축의금으로 얼마를 주는지 궁금했나 보다. 액수를 그대로 얘기해주자니, 북한 성원들의 한 달치 월급이거나, 훌쩍 넘는 금액이라 선뜻 말해주기 힘들었다. 거짓말을 하고 싶지는 않아 쌀 한 포대 값 정도 된다고 했다. 쌀 20~40kg 정도. 북한 성원들은 남한에서 쌀을 그 정도 살 수 있는 금액이라고 하니 살짝 놀라며 다시 세척실로 갔다. 괜히 미안한 마음이 들기도 하고 이런저런 생각이 들었다. 결혼 직전 주의 주말 남한에 왔을 때, 성원들이 그렇게 사 달라고 노래를 하던 선크림을 샀다. 동네의 화장품 매장에서 내가 써보고 괜찮았던 선크림으로 골랐다. 마침 여름 세일이라 성원들 수만큼 다 사고, 매장에서 샘플도 몇 개 더 달라고 해서 성원들 수만큼 채웠다. 결혼식 전날, 냉동 탑차를 타기 직전에 북한 성원들이 쉬는 방으로 올라가 조용히 문을 두드렸다. 나 없는 동안 실장할머니랑 싸우지 말고 잘 지내라고 부탁한다고 얘기하고 선물을 건네줬다.

"뭐 이런 걸 가지고 왔어요~"

말은 그렇게 하면서도 좋아한다. 결혼한다고 양말 공장에서 양말도 잔뜩 선물 받았는데, 그것도 종류별로 성원들 수만큼 가져다주니 일할 때 신겠다고 했다.

"고맙수다. 잘 다녀오시오."

"점장 선생 잘 다녀와요, 안 오는 거 아니지요?"

"잘 다녀와서 만나요!!"

그녀들의 배웅을 받으며 남한으로 떠나왔다. 결혼식 후, 신혼여행을 가는 비행기 안에서 어떤 이질감을 느꼈다. 나와 함께 매일을 마주한 그들이 처한 상황과 처지, 그리고 내가 누리고 있는 자유에 감사함이 먼저 느껴졌다. 하지만 그와 동시에 미안함도 느껴졌다. 내가 특별한 사람이라서가 아니라 그저 대한민국에 태어났기 때문에 누릴 수 있는 자유였다. 언젠가 통일이 되면 한 번도 밖을 크게 벗어나본 적이 없다는 북한 직원들과 함께 남쪽으로 야유회를 가고 싶다는 생각이 들었다. 북한 성원들이 비행기를 타면 놀라겠지, 막 달리다가 앞바퀴부터 들고 몸체가 들리고 서서히 구름 속으로 날아가는 걸 보면 놀라워할 것이라는 생각에, 너무나도 그 모습이 보여주고 싶었다. 생전 처음으로 비행기의 비행 동영상을 찍었다. 더 넓은 세계 또 다른 세상이 있다는 것을 알려주고 싶어 사진도 많이 찍었다.

남한보다 30~40년 정도 전의 모습으로 산다는 북한의 경제력이나, 가부장적인 사고, 일부 지역의 영양결핍에도 불구하고, 내가 마주하던 북한 사람들의 생활수준은 나쁘지 않아 보였다. 물론 공장동 가장 어두운 곳에서 힘들게 일하는 마르고 작은 분들의 영양상태는 또 달랐지만 말이다. 사실 반찬 가짓수가 적은 것이나 당장의 빈곤함은 그렇게 중요한 것이 아니라는 생각이 들었다. 행복은 결국 개인이 느끼는 것이고 빈곤해도 행복을 느낄 수 있다. 우리 부모님 세대도 그렇게 살았고, 노력하고 점점 발전해 지금의 경제성장률을 이뤄냈기에 가난 자체는 결코 부끄러운 것이 아니라고 생각한다. 조금 못 먹고 못 살았다고 부모님 세대가 지금의 세대보다 덜 행복했다고도 생각하지 않는다.

하지만 자유가 없다는 것이 너무 안타깝고 속이 상한다. 늘 서로 감시하고 감시받는 그 상황이 싫다. 더 넓은 곳이 있다고, 넓은 세상이 있다고 말해주고 싶었다. 나는 신혼여행 후 개성으로 돌아가 결혼식이며 신혼여행은 어땠냐고 묻는 그녀들에게 대답 대신 카메라 속의 세상을 보여주었다. 내가 없었다면 거짓말이라고 생각했겠지만, 그 바다 건너 다른 세계 속에 그녀들과 매일 마주하는 내가 들어가 있었다. 점장 선생 왔냐고 왁자지껄 웃던 그녀들은 사진들을 보며 다시 말이 없어졌다. 그리고 조용히 세척실로 들어갔다. 나는 내가 하고 싶은 말들을 사진을 보여주며 끝내버린 내 행동에 비겁한 기분을 약간 느꼈다. 나는 그녀들이 남한에서 태어나면 어떤지 보고 지금의 자유 없음이 문제라고 느껴주기를 바랐다. 하지만 그날 오후 식당 안에는 어색한 침묵만이 맴돌았다.

목합지뢰 사건*이 개성공단 일하는 사람들에게 미치는 영향

2015년 여름, 한반도를 떠들썩하게 했던 목함지뢰 사건으로 그날 아침 개성으로 출발하는 발걸음이 무거웠다. 목함지뢰라니!! 처음에 그 뉴스를 보고 어찌나 속이 상하던지. 대북 확성기가 가동되었다고 하고, 한반도의 상황은 심각해지고. 주일날 교회에서는 비장한 기도소리가 울려 퍼지고 있었다. 사실 개성에서 근무한 얼마간 경험과 풍월로, 아무리 이러한 상황이 발생한다고 하더라도, 개성 내에서 딱히 업무하는 데 큰일이 일어나지 않을 것이란 건 알고 있었다. 하지만 지금 돌이켜보면 휴전선을 넘어가는 나를 보는 신랑과 가족의 마음은 얼마나 걱정스러웠을까.

* 목함지뢰 사건: 국방부와 유엔군사령부는 합동 진상조사를 통해 북한이 몰래 DMZ를 침범하여 의도적으로 목함지뢰를 매설해놓았다고 발표함. 당시 매설된 목함지뢰로 인해 통문을 지나려던 하모(21) 하사가 두 다리를 잘렸고, 하 하사를 구해 후송하려던 김모(23) 하사도 지뢰를 밟아 오른쪽 발목을 잃었다.

당시 나는 남편이 현직 군인인 상태에서 마주한 사건이라 더욱 가슴이 아팠다. 다친 군인들의 그 소중한 젊음을, 그 인생을 도대체 어떻게 보상 받을 수 있을지. 천금을 줘도 안 될 말이다. 개성으로 들어가며 괜히 북한 세관 옆에 어린 군인들이 밉고 화도 나 속이 상했다. 일터에 들어서니 식당은 조용했다. 성원들도 이전과 마찬가지로 인사하며 잘 쉬었냐고 묻고, 반가워했다. 이 안에 있는 사람들은 소식을 모르나 싶었다.

그렇게 조용히 지나가나 싶었지만, 식자재 요구서를 가져온 버스사업소 북한 운전수가 계속 언짢은 표정으로 노려보더니 못 참겠다며 말한다.

“대체 남측은 왜 그러는 거요? 우리가 도대체 왜 지뢰를 거기에 두고 터트리겠소? 왜 그런 거짓으로 자꾸 우리를 시험하오. 우리가 얼마나 참아주고 있는지 아시오?”

순간 속에서 뜨거운 것이 확 올라왔다. 아니, 당장 생때같은 남한의 젊은이들이 두 다리를 잃고 평생을 불구로 살게 되었는데 무엇을 참았다는 말인지 정말 이해가 안 되었다. 어이가 없어 운전수 선생을 바라보니 같이 온 통계 선생이 운전수 선생을 툭툭 치며 하지 말라고 말리며 데리고 나가려 한다. 대체 뭘 참는지 이해가 안 되는 나는 나중에 안내소 여직원 수희에게 물어봤다.

“정말 지뢰가 북에서 한 게 아니고 우리가 저렇게 북 치고 장구 치고 하는 거라고 생각해요?"

"아니 선생님, 말이 나왔으니까 하는 말이지만 그 지뢰를 우리가 터뜨린 게 말이 된다고 생각하십니까? 남측에 세월호니 뭐니 안 좋은 사건 일어나면 제일 가슴 아파할 사람이 누군 거 같습니까? 바로 우립니다, 우리. 그런데 어떻게 지뢰를 숨겨놓고 그렇게 할 생각을 했다는 겁니까? 정말 억울하고 원통합니다."

마음 깊은 곳으로부터 체한 것 같은 기분이 올라왔다. 이 답답함… 어떻게 설명해줘야 할까. 어떻게 이렇게 생각할까 싶었다. 내친김에, 6.25 전쟁 얘기도 꺼냈다. 물론 내가 물어본 것을 북한상부에 보고하겠지만 이 사람들이 어떻게 생각하고 있는지 진짜 알고 싶었다.

"정말 남한이 먼저 공격했다고 생각해요?"

"우선 개성공업지구에서는 남측입니다, 말 정정해주십시오. 남측에서 공격한 거 아닙니까?"

앵무새처럼 답변을 잘 외워서 북한에서 수재 소리 듣고 김일성종합대학 나온 사람이니 당연히 이렇게 대답하겠지 싶으면서도 정말 답답했다. 하지만 정말 답답한 이유는 이 사람들의 답변 때문이 아니었다. 이 사람들에게 6.25 전쟁은 북침이며, 목함지뢰는 남한의 자작극이라고 일반 인민들에게 알리고 말한 그 사람들이 답답함의 이유였다. 내가 미워해야 했던 진짜 사람들은 바로 그 사람들이었다. 세상에 드러나지 않을 진실이 없고, 감춰질 것이 없다는데 북한 사람들은 정말 너무 오랫동안 진실을 마주하지 못하고 살아왔다는 생각이 든다. 북한의 주민들이 오히려 가엾다는 생각마저 들었다. 당황스러운 표정과 속상한 마음 그리고 답답함이 넘쳐 입 밖으로 내뱉지도 못하고 쳐다보고 있는 내게 수희는 도대체 이 점장 선생이 왜 저러는지 모르겠는 얼굴로 바라보며 오히려 답답해 했다.

"선생님, 생각해보십시오. 우리가 그랬겠습니까 정말? 우리는 정말 많이 참고 있습니다."

북한 사람들에게 진실을 알려주고 싶어서, 남한에 돌아온 주말 외교학을 전공하고 한국사 1급 자격이 있는 친구에게 다시 한 번 물어봤다.

"어이없겠지만 6.25 전쟁은 남침 맞지? 나 개성 사람에게 좀 이야기 해주고 싶은데 빼도 박도 못할 증거가 뭘까?"

"김일성이 러시아에 보낸 외교문서도 있고, 김일성의 명령도 있고…."

하지만 괜히 말하지 말라고 한다. 혹시라도 나에게 무슨 일이 생길까, 위험해질까 걱정하는 친구에게 알았다고 약속하고 개성에 가서 그 이야기는 더 이상 하지 않았다. 아마 남침이라는 내 말에 북침이라고 굳게 믿고 있던 그 아이도 개성 시내에 가서 친구들에게 말했을 것이다. 남한 선생이 이상한 소리 하더라고. 별 이상한 소리 다 듣겠다고 말이다. 어쩌면 나와 이런 이야기를 한 그녀가 총화 때 이 이야기를 꺼낼 수도 있겠지 싶었다. 처음엔 그냥 저런 북한 사람들이 미웠는데, 이제는 그냥 이 사람들을 그렇게 만들고 상황을 조작하고 서로 오해하게 만드는 '그 사람들'이 너무 밉게 느껴졌다.

다행히 지뢰사건 이후 개성에서 회담이 연이어 진행되어 다시 남북은 언제 그렇게 신경전이 있었냐는 듯이 진정되었다. 사실 지뢰사건이나 회담 도중 개성은 들썩이거나 시끄럽지 않았다. 성원들은 열심히 일했고, 다른 공장 직원들도 큰 동요는 없었다. 어떤 공장엔 대표 한 사람이 대북확성기를 튼 남한의 잘못에 대해 글로 써 와 남한 직원에게 읽게 하며 인정하라고 했다는데 남한 분은 슬기롭게 대처했다.

"선생. 선생은 여기 정치하러 왔어요? 우리는 그냥 일하러 왔잖아요. 일하러 왔으면 일 합시다. 다른 말은 하지 말고."

반박하지 못한 북한 사람은 분기탱천한 얼굴로 그냥 돌아갔다고 했다. 남한에도 이런 사람 저런 사람 있듯, 북한에도 이런 사람, 저런 사람 있나 보다 하고 생각했다.

3장

개성에서 보낸 가을

2015년에도 기억되는 통일의 꽃(?) 임수경

저녁 식사시간 전 일찍 업무를 끝내면 다 함께 둘러앉아 이런저런 잡담을 하곤 했다. 조장을 필두로 남한 얘기를 시작한다. 물론 이 사람들은 세월호니, 메르스니 하는 남한의 안 좋은 기사들만 알 수 있는지 꼭 안 좋은 쪽으로 얘기를 시작한다. 축구 1등 하고, 야구 1등 하고 김연아가 세계선수권 1위 한 것은 전혀 모른다. 그런데 그날은 웬일인지 다 같이 차분하고 기분이 좋았던지 통일에 대한 이야기를 했다.

그러다 얼마 전 본 다큐멘터리에서 과거 김일성을 만난 남한 여대생 이야기를 본 적이 있어서 누구더라 하고 이름을 가물가물해 하고 있으니 조장 선생이 옆에서 거들어준다.

"임수경, 통일의 꽃 말이오."

그래 임수경! 다큐멘터리에서는 김일성의 품에 안겨 눈물을 흘리던 장면, 판문점을 통해 남으로 건너오던 장면, 마중 나온 신부 그리고 연행되던 모습까지. 그녀의 집에 사람들이 들어와 물건을 부수던 장면들도 생각이 났다. 나중에는 국회의원도 되었지만 예전에는 진짜 힘들었을 것 같은데, 북한 성원들이 알고 있다니 신기했다. 물론 조장은 북한 나이로 41살, 남한으로는 42살이라 73년생이니 그 시절이 기억이 날 수도 있겠지만, 지금 20대인 80년대생 북한 성원들은 잘 모르는 눈치다. 사실 나도 우연히 다큐를 통해 알았을 뿐이다.

조장은 임수경을 얘기하며 나보고 통일의 꽃이 되어보는 건 어떻겠냐고, 통일의 꽃 하라고 했다. 나는 황당해하며 대답했다.

"잘은 모르지만 TV에서 보니 그 사람, 임수경은 남한에 돌아가서 진짜 힘들었어요. 감옥도 가고 사람들이 집에도 찾아와서 막 행패 부리고 그랬어요."

조장이 깜짝 놀란다. 대체 왜? 하는 표정이다. 북한 사람이 남한 와서 박정희 만나고 안겨서 울고 다시 판문점 넘어서 북한 돌아갔으면 어땠겠냐고 물어보고 싶은 걸 애써 참고 답했다.

"나도 너무 어렸을 때라 잘은 몰라요. 그냥 TV에서 봤어요. 자세히 본 것도 아니고 어쨌든 서로 휴전선 그어놓고 바라보고 총 들고 있는데 우리가 편한 사이는 아니잖아요."

다들 끄덕끄덕한다. 통일의 꽃, 한두 사람을 지칭하는 말이 아닌 현실에서 실제로 통일과 평화의 꽃이 피어나면 좋겠다고 생각했다.

고맙다는 말이 그렇게 어렵나요?

일주일에 세 번, 남쪽에서 휴전선을 넘어 개성까지 식품을 1톤씩 반입해주시는 배송 기사님은 연세가 육십이 넘으셨다. 이분은 개성에 올 때마다 마트에 싸게 파는 과자며 초콜릿이며 그 철에 저렴한 과일을 사다 급식소 북한 성원들에게 주셨다. 또 업장에서 가끔 두부 납품을 받을 때는 약간 깨지는 것이 있으면 상품 가치가 떨어져버리기도 하기 때문에 일부러 한 판씩 받아서 가지고 오신다. 팔 수는 없지만 먹는 데 이상이 없으니 성원들에게 주고 싶어 했다. 처음에는 왜 주냐고, 우리도 이런 것 많다고 하다가도 조용히 싱크대에 올려두면 가지고 간다. 고맙다는 말을 하든 안 하든 배송 기사님은 늘 똑같이 행동하셨다. 조용히 두부만 가져가는 걸 쭉 보다가 성원들 있는 데 가서 말했다.

"없어서 가져다주는 것이 아니라 다 딸 같고 힘든 물일 하는 것이 안쓰러워서 아버지 같은 마음으로 그러시는 것인데, 그렇게 아무 말씀을 안 하시면 어른이 얼마나 마음이 섭섭하시겠어요."

북한 성원들은 그냥 입을 꾹 다물고 듣고 있었다.

"다음번엔 그냥 고맙다고 하면 좋을 것 같아요."

이번에도 역시 그냥 입을 꾹 다물고 있었다. 배송 기사님은 성원들이 그러거나 말거나 허허 웃으면서 여전히 깨진 두부를 가지고 오셨다. 그러다 어느 날은 조장이 한참을 쭈뼛쭈뼛하다가 얼굴이 빨갛게 돼서는 말한다.

"잘 먹겠어요."

말만 하고 재빨리 사라진다. 배송 기사님은 허허 하셨다. 티 내지 않고 묵묵히 꾸준히 그녀들을 위하던 기사님의 마음이 그녀들을 움직였나 보다. 그들을 위해 노력하면 당연히 티 내면 안 되나 싶은데, 티 내면서 주는 건 꼭 틱틱거리며 받고도 쌩~ 하다. 그런데 배송 기사님처럼 묵묵히 꾸준하면 그들도 변하는 것 같다. 배송 기사님이 오든 말든 인사도 않던 그들이 그 이후 늘 배송 기사님이 오시면 배송 선생, 배송 선생 하며 인사하곤 했다. 일찍 식사하고 다시 남한으로 가셔야 하면 식은 밥 대신 새 밥 드시고 가시라고 잠깐만 기다리라고 하고 얼른 국도 따끈하게 떠 낸다. 반찬도 살뜰히 담아 식탁에 놓아드리면 기사님도 맛있게 식사하시고 고마워요, 잘 먹고 갑니다 하고 인사하셨다.

한번 인사를 트기 시작하면 안사람은 있는지, 나이가 몇인지, 안사람 직업은 뭔지, 자식은 있는지, 자식의 직업이 뭔지 다 물어본다. 참, 알다가도 모르겠는 북한 사람들이다. 그 이후에도 북한 성원들은 허허 웃는 배송 기사님을 참 반가워했다.

사실 북한에는 남한의 달걀을 들여올 수 없었다. AI 때문이었다. 우리가 아무리 남한은 AI가 다 끝났다고 해도 안 된단다. 남한 달걀은 더 이상 믿을 수 없으니 북한 달걀을 쓰란다. 결국 이거였다. '북한 달걀 쓰라!!!' 북한 달걀을 북한상회에서 구입해서 쓰라는 것인데. 한 판당 8달러 정도 된다. 남쪽 계란을 구입하면 4천 원을 넘지 않는데 가격도 비싸고 크기도 작고, 가장 중요한 건 위생이었다. 종합지원센터 식당은 남한 파견공무원, 남한개성공단관리위원회가 식사를 하는 곳이어서 특성상 북한 식재료는 쓰지 않도록 하고 있는데, 북한에서는 자꾸만 그쪽 달걀을 쓰라고 했다. 점장의 답답함을 아는지 모르는지, 북한 성원들은 말했다.

"우리 계란은 정말 맛있고, 고소하고, 몸에도 좋답니다."

한 계절은 달걀이 없어 급식 메뉴 짜기가 힘들었는데, 궁하면 통한다고 개성에 남쪽 달걀을 들여올 수 있게 되어서 식사에 추가했다. 남한 달걀을 그렇게 욕하더니 달걀을 보자마자 그저 우리도 한 알씩 먹자는 얘기만 했다. 그것도 매 끼니마다 말한다.

"닭알 좀 먹자요."

백합과자
300g
단설기
단설기

고기반찬이 다 떨어진 날엔 특히 심했다. 달걀 아까워서가 아니고 들여오기가 힘들다고 다른 반찬도 많은데 그냥 좀 먹자고 얘길 해도, 북한 직원들은 본인들을 우습게 안다며 밥 안 먹겠다고 했다. 한번은 조장이 달걀프라이 안 해준다고 밥 먹으려고 하다가 밥숟가락 놓고 나간 적도 있었다. 다른 북한 직원들은 너무 서운하다며 사람을 업신여긴다며 속상해하고, 정말 그 달걀 하나 때문에 많은 일들이 있었다.

달걀도 김도 늘 그녀들이 반찬으로 먹고 싶어 하는 것이었는데, 하루는 배송 기사님이 반찬 가지고 시끄러운 걸 보시고는 김을 몇 세트나 사다 주셨다. 옛날 어른들이라 그런지 사람들 먹는 문제에 예민한 것을 이해하시는 듯했다. 달걀은 가져오기 힘드신지 안 가져오셨지만, 다른 주전부리는 더 챙겨서 개성에 들어오셨다. 북한 성원들은 그런 배송 기사님께 정말 고마워했다. 아마 식당 드나든 남한 사람들 중에 가장 좋아했던 거 같다.

그때 생각했다. 통일만 되면 우리 집에 불러서 달걀프라이, 달걀말이, 찐달걀, 구운달걀 아주 입에서 닭똥냄새가 폴폴 나게 달걀을 대접하고 싶다고. 그때는 달걀 들여오기가 정말 어려워서 어쩔 수가 없었다고. 누군가 개성에 큰 양계장을 지어서 저렴하게 제공하면 어떨까 하는 생각이 든다. 닭알이 지겹도록!

까만 시골 총각 같은 북한군인
뽀얀 도시 총각 같은 남한군인

개성에서 마주한 북한 군인들은 이따금 남한의 뉴스에 나오는 것처럼 눈빛도 매섭고, 걸을 때 각이 살아 있었다. 물론 남한 군인보다 키는 작고, 더 까무잡잡하고 말랐다. 매주 월요일 아침 도라산 출입사무소에서 남한 군인들을 본 지 5분 만에 바로 북한 군인들을 보는데, 확실히 느낌이 다르다. 남한 군인들은 하얗고, 귀티가 나는 느낌이랄까. 야외 근무 때 선크림도 잘 바르고, 어렸을 때부터 잘 먹어서인지 키도 크고 어깨도 넓은 사람들이 선글라스를 끼고 총을 들고 서 있다. 물론 일부러 그런 사람들을 배치하겠지 싶기도 하다.

버스를 타고 개성으로 들어와 만나는 북한 군인들은 5분 전에 본 남한 군인들에 비해 다소 왜소하다. 피부는 까맣고 머리도 남한 군인보다 더 짧은 것 같다. 하지만 눈빛만큼은 정말 소도 때려잡을 것 같다. 정말 매섭게 노려본다. 눈빛 훈

련을 따로 하는 것인가 싶을 정도다. 그들은 마른 몸에도 불구하고 철봉으로 360도 회전을 몇 번이나 할 정도로 강해 보였다. 가끔 버스 대기 시간에 북한군 초소 쪽으로 고개를 돌리다 눈이 마주치면 절대 피하지 않고 쏘아봤다. 한번은 언제까지 눈을 안 피하는지 보려고 함께 쳐다본 적이 있다. 나를 노려보는 건가, 왜 저렇게 보는 건가 하고 함께 계속 쳐다봤다.

그들의 단호함과 매서움은 들어올 때보다 다시 남한으로 나갈 때 CIQ에서 절정에 달했다. 개성으로 들어오는 짐뿐 아니라 나가는 짐 검사와 차량 검사도 따로 받았는데 검사가 끝나야 비로소 계단 다섯 개를 내려가 땅에 발을 디딜 수 있었다. 실수로 조금 일찍 계단을 내려가면 눈이 매서운 군인이 호루라기를 '삑—' 분다. 하루는 서울로 빨리 돌아가고 싶은 마음이 급해 차 검사가 언제 끝나나 하며 목을 빼고 바라보다가 실수로 한 계단 아래 발이 떨어졌다, '삑—' 소리와 함께 북한 군인이 소리를 친다.

"어이, 올라오라!!!!!"

놀라기도 하고, 갑작스러운 명령에 뭔가 심하게 하대받은 기분이 들어 무안하기도 해서 세관에 가서 말했다. 남한이랑 많이 다르다. 우리는 군인이 민간인에게 안 저런다. 왜 여기는 반말하고 명령하고 그러느냐고 물어보니, 북한 세관이 막 웃으면서 말한다.

"선생이 이해하라우~ 군인 애들이 아직 어려서 기래~"

그 말을 듣는 순간, 군인과 세관은 역시 다르다는 생각이 들었다. 북한 군인들과는 그 이후 말 섞을 일이 없었다. 북한 군인은 남북관계가 경색되거나 핵실험을 할 때는 원래 하지 않던 펜스 밖 순찰을 세 명씩 한 조로 총을 들고 다니기도 했지만 실상은 그냥 동네 청년들 같았다. 모자를 벗고 셋이 엉켜서 거울도 보고 여드름도 짜고 웃으며 얘기도 하는 그냥 평범한 내 남동생 또래의 청년들 같았다. 그래서 그들을 생각하면 가슴이 아프다. 개성에 있는 남한 사람들을 보면, 경제적으로도 풍요롭고 더 자유로운 생활을 하는데 가장 가까이에서 그 뚜렷한 차이를 보고 체제에 대한 이질감이 들 것 같았다. 하지만 매서운 눈으로 그 자리를 지켜야 하는 생활에 얼마나 부대꼈을까.

실제로 개성의 군인 중에 한 사람이 동료를 총으로 쏘고 탈북해 남한으로 들어온 사례도 있다고 한다. 개성공단 펜스 안에서 일하는 노동자들은 탈북하게 되면 다시 본국에 송환하기로 약속했지만 군인은 공업지구 밖의 초소를 감시하고 있었기 때문에 송환되지 않았다고 한다. 아마 지금은 남한 어딘가에서 살고 있을 것이다. 남한 노동자들은 매주 안전하고 자연스럽게 버스를 타고 남북한을 오가지만, 사람을 죽여야만, 또 죽을 각오를 해야만, 죽을 위험을 겪어야만 떠날 수 있는 나라…. 그런 나라를 벗어날 수 없었던 그들을 생각하면 늘 어릿한 기분이 든다.

우리나라에 의경제도가 있는 것처럼 개성에는 소방대원이 있다. 개성의 소방서는 누리미 공장동 길 건너편으로 300미터 정도 쭉 가면 있었다. 종합센터 급식소에서 소방서 북한 사람들의 점심밥을 해 보내기 때문에 매일 소방서 북한 젊은이 두 명 그리고 남한 사람 한 명이 꼭 함께 와서 식사를 가져간다. 원래 이들도 다른 북한 노동자들과 같은 식사가 제공되게 되어 있었는데, 매일 뛰어다니고 불 끄는 훈련 하고 하니 체력이 버틸 수가 없겠다며, 담당부서에서 남한 사람들이 식사하는 것과 같이 제공하게 되었다.

북한 소방대원은 말하자면 우리나라의 대체복무 같은 제도라고 설명을 들었다. 물론 남한만큼 크진 않지만 북한 소방대원들은 보통의 북한 남자들에 비해 크고 덩치도 좋았다. 이들은 남한 군인과 마찬가지로 큰 국통, 밥통을 들고 매일 같은 시간에 식당 문을 열었다. 호칭은 다른 북한 사람들과 마찬가지로 선생이었다. 개성에서는 웬만하면 서로를 선생이라고 부르면 틀리지 않았다. 내가 웃으며, "선생들 왔어요?" 하고 인사하면, 부끄러워서 얼굴이 빨갛게 된다. 괜히 정수기 버튼을 눌러 물을 마시고 다른 곳을 본다. 남한 사람이 말 거는 게 부끄러운 사춘기 아이들 같았다.

커다란 스테인리스 원통에 밥과 국을 담고 봉지에 담은 반찬들과 밥을 가지고 간다. 어떤 북한 소방대원은 식당 밖에 메뉴표를 보고는 같은 메뉴가 안 나오면 항의를 하기도 했다. 식욕이 왕성한 젊은이들이라 어느 날은 빵 16개를 인원수에 맞춰서 내보냈는데 이걸로도 사단이 났다. 삼십대 중후반의 북한 소방서 대표는 우리를 거지로 아냐고 사람 수도 안 맞춰 몇 개 달랑 보내냐고 화를 내며 항의를 했다. 분명 숫자를 확인해 북한 직원들이 담았는데 황당했다. 하지만 곧 그 이유를 알 것 같았다. 그때 밥을 가지러 온 당번 소방대원들이 함께 왔는데 고개를 뚝 떨어뜨리고 발끝만 쳐다보며 꾹 다문 입매가 조마조마해 보였다. 당번 소방대원들이 배가 고파 먹었구나, 직감하고는 그냥 나도 소방서 대표에게 주의하겠다고 말하고 말았다. 다시는 이런 일 없게 하라고 큰소리 뻥뻥 치던 대표가 나간 후, 고개를 숙이던 소방대원들은 끝까지 내 눈을 못 마주치고 다시 음식을 챙겨 식당 밖으로 나갔다. 식당 성원들이 말했다.

"분명 16개였는데, 16개 맞는데… 은숙, 니가 셈했지?"

"응 맞아 맞는데… 점장 선생도 옆에 있었잖아요. 왜 아까 아무 말 안 했어요!!!"

나는 그냥 웃고 사무실로 들어왔다. 사실 왜 말 안 했는지, 우리가 실수하지 않았는지 서로 다 안다. 알면서 저런다. 아는데 의문형으로 말할 때 나오는 표정들 이제 나도 다 안다.

그 후로 그 소방청년들은 떼를 지어 배구를 하다가도, 열 맞춰 뜀박질을 하다가도 내가 지나가면 모른 체하지 않는다. 고개라도 까딱하고 눈이라도 마주치며 아는 체했다. 남쪽처

럼 아주 반가워할 수는 없지만, 그래도 그만큼이라도 따뜻하
다고 생각되었다.

신앙서적 『생명의 삶』, 그 안의 한 문장 때문에 낸 벌금 150달러

기독교 신자라면 매일 하는 것이 바로 큐티(QT, Quiet Time)다. 조용히 성경말씀을 묵상하며 삶에 적용해 성숙을 향해 나아가게 하는 기독교식 도닦이랄까. 가을을 맞이하며, 다시 한 번 마음을 다잡기 위해 큐티 책을 개성 땅으로 가져가게 되었다.

사실 북한은 겉으로는 교회*도 있고 절도 있다. 그리고 신앙서적도 북한에 대한 비판과 통치자 비난 같은 내용이 없으면 가지고 들어왔다 반드시 가지고 나간다는 조건으로 반입이 가능하다. 법적으론 사실 이 모든 게 가능하지만 괜히 귀찮은 마음에 그냥 모르고 지나갔으면 했는데, 신년이라 그랬을까? 세관원도 얼굴만 보고 짐 검사는 잘 안 하던 평소와는 다르게 "점장 선생 왔나~" 하며 본인의 업무인 세관 검수 업

* 북한의 교회: 평양에 봉수교회와 칠골교회가 있다. 종교의 자유를 내세우기 위한 국외 홍보용으로 알려져 있다.

무를 진행하는데 너무 열심히 한다. 평소 내 가방은 열어보지도 않더니 이번에는 아주 꼼꼼히 찾아본다. 모든 물품을 다 들어내더니 밑바닥의 큐티 책까지 찾아냈다.

위에서도 언급했지만 큐티 책 그 자체로는 결코 문제가 되지 않는다. 본인들 말로는 자신들은 종교의 자유가 있는 나라라고 한다. 그렇기 때문에 평양에 교회를 두 군데나 세우고 형식적이지만 찬양대원들과 목사도 있다. 하지만 내 큐티 책을 검사는 해야겠다며 가져갔다.

"성경책 같은 종교 책이면 상관없지. 그런데 체제비판 내용은 검사를 해야디."

한나절 후 세관원은 기어이 나도 아직 못 읽었던 73페이지의 작은 글씨에서 문제점을 찾아냈다. 작은 글씨로 적혀 있는 기도문이 문제라고 했다. 기도 내용은 '북한주민 인권회복을 위한 기도문'이었다. 벌금은 150달러란다. 북한 성원들의 한 달 월급이 100달러가 안 되는데 나보고 150달러를 내라고 했다. 나는 당시, 열이 40도 가까이 끓을 정도로 몸이 아프던 상황이었다. 남한에 오자마자 긴장이 풀렸는지 몸살로 주말 내내 아프다 개성에 들어온 것이었다. 2015년, 잘 안 아프더니 1년 치를 한꺼번에 다 앓는 것인가 싶을 정도로 아팠다. 몸도 마음도 너덜너덜해져 있던 나는 입을 꾹 다물고 그들의 벌금 처분에 대해 항의도 못하고 통보만 받았다.

벌금을 내러 가는 날, 1년 정도 북한에 있으며 억울했던 일들이 다 떠올랐다. 세관원의 마요네즈 반 통 요구사건이며 삼겹살과 북어포를 매번 상납해야 했던 것, 매주 김가루와 만두를 가져가 우리 배송 기사님이 하소연하던 것, 성원들 임금을 세관에서 받지 않아 속앓이한 것, 조장이 주도한 태업 등등. 차라리 잘 되었다고 생각이 들었다. 이번 기회에 이렇게 당했던 것들도 다 말하고 한번 붙어봐야지, 참지 말아야지 하면서 길을 걸었다. 얼굴이 익었던, 유일하게 1년 내내 아무것도 요구하지 않던 다른 여성 세관직원은 내가 안됐는지 물어본다.

"그 큰돈을 어쩔 겁니까, 이번에 결혼했는데 아이도 낳고 세간도 들여야 할 텐데."

타지에서 들은 그 말 한마디가 따뜻해 마음이 녹아 대답했다.

"그럼 좀 깎아주시죠."

"나는 아예 안 받고 싶지."

세관 직원의 이 말을 들으니 어쩐지 갑자기 무장해제됐다. 너무 미안해하고 속상해하는 게 보여 화나고 억울했던 내 감정도 기억도 모두 사라져버렸다. 빳빳한 새 지폐로 벌금을 내고 문득 이런 생각이 들었다. 나에게 벌금을 내게 하기 위해 저 큐티 책을 열심히 읽은 북한 사람이 있었겠지? 그거면 됐다. 당신들을 위해 대가 없이 마음 쏟아 기도하는 사람들이 남한에 많이 있다는 걸 어렴풋이나마 알고 호의를 호의로 받아들이게 될 사람이 한 사람쯤 늘었을지도 모른다는 생각에 마음이 유해졌다. 남한에 대한 그들의 적대적인 생각이 줄어드는 데 150달러를 썼다고 생각하니 기분이 나아졌다.

북한 여성들의 노동시간

북한은 아직도 남존여비 문화가 있다. 개성 참사관 아저씨 말로는 새벽 2시에 남자가 술을 먹고 집에 가서 대문을 걷어 차고 소리 지르면 아내가 아무 소리 못 하고 조용히 나와서 데리고 가야 한다고 했다. 대화할 때마다 함께 있던 수희는 조용히 웃었다.

나는 남한에서 그러면 아마 대문도 안 열어주고 아내가 굉장히 화낼 것이라고 얘기했다. 그도 남한이 그런 거 안다고 했다. 하지만 북한은 아직 이렇다며 빼겼다. 북한이탈주민들이 출연하는 TV 토크프로그램에서 북한에 장마당이 형성되고 난 후, 남자들은 할 수 있는 일이 많지 않고 여자들은 장사도 하고 일하며 돈을 만지니 여자들이 더 세다는 말을 들었다. 하지만 북한이탈주민들의 얘기를 듣고 그런가 싶다가도, 개성공단의 여성들의 노동시간을 보면 또 다른 생각이 든다.

물론 지역마다 차이가 있을 것이라고 생각한다.

우리 식당의 북한 성원들은, 새벽 3시에 일어나 식구들 세 끼 밥을 짓고 집 정리와 청소까지 다 하고 나온다고 했다. 왜 세끼나 준비를 하냐고 물어보니 그냥 웃는다. 궁금함을 이기지 못해 다시 물으니 남편의 점심밥까지 짓는다고 했다. 남편 직장이 근처라 집에 와서 밥을 먹고 다시 나가 일을 한다고 했다. 장마당으로 인해 일부 지역에서 남존여비 문화가 바뀌고 있다고 하지만, 아직 우리 식당 성원들 가정까지 변화하지는 않은 것 같았다. 탈북과정이 적혀 있던 책* 내용 중 탈북 과정에서 식사 준비를 할 때도 남성 북한이탈주민들은 가만 앉아 상 차려주기만을 바라고 전혀 돕지 않았다는 글을 읽은 적이 있다. 하지만 그 책은 2006년에 출간된 책이고, 내용에 나온 상황은 훨씬 이전이었다. 그 남성 북한이탈주민들의 모습을 그대로 간직한 지금의 개성 남성들을 생각하니 남쪽에서 가사일을 함께 나누고 정신적 지지를 아낌없이 보내주는 남편이 새삼 고마웠다. 내 남편뿐 아니라 비슷한 시기에 결혼한 내 지인들의 남편들도 크게 다르지 않았다. 물론 북한 성원들의 아버지 중엔 김장할 때 무거운 짐도 날라주고, 김칫독도 잘 단도리해주고 다정했다는 분도 있었다.

어쨌거나 내가 만났던 개성의 여성들, 특히 결혼한 여성들

---

* 『꿈꾸는 땅끝』: 조명숙(여명학교 교감선생님), 규장, 2006

은 노동시간이 많아 보였다. 그녀들뿐 아니라 개성공업지구에는 여성 노동자가 참 많았다. 남성 노동자들도 있긴 하지만, 여성 노동자에 비하면 그 수가 확연히 적었다. 이들 여성 노동자들은 새벽에 버스를 타고 나와 북한 사람들끼리 하는 새벽 총화를 하고, 7시쯤부터 공장 주변을 청소하고 일을 시작했다. 점심시간이나 쉬는 시간에는 집에서 가져온 빨래를 했다.

어느 소규모 사업장에는 북한 여직원이 여섯 명 있었는데 그녀들이 어느 날 세숫대야를 사달라고 했단다. 직원복지 차원에서 세숫대야를 구해다 주니 크기가 작다며, 커다란 세숫대야를 달라고 했단다. 그래서 어린아이를 씻길 만한 더 큰 사이즈의 대야를 사다 주니 그제야 요거면 됐다며 좋아했다고 했다. 세숫대야가 왜 필요했을까? 공장엔 샤워 시설까지 잘 갖춰져 있는데 말이다. 알고 보니, 세숫대야는 빨래를 하기 위함이었다. 북한 성원들은 온 식구들의 빨랫감을 다 가지고 와서는 쉬는 시간을 이용해 팔이 부서져라 빨래를 했다. 비상구 계단에 빨래를 보송보송하게 말려 집에 가져가는 북한 성원들로 인해 공장동 한켠은 언제나 북한 사람들의 옷감이 잔뜩 널려 있었다.

개성의 남한 선배들 이야기를 들어보면, 처음엔 널려 있는 옷들이 마대 자루 같은 천이었는데 개성생활 십 년 만에 점점 더 천도 좋아지고 알록달록해졌다고 했다.

북한 성원들도 저녁때만 되면 와서 "점장 선생, 빨래 담게 깨끗한 봉지 하나 달라요" 했다. 그렇게 빨래를 새 비닐에 담아 그녀들이 집에 도착하는 시간은 밤 9시쯤. 그 시간에 세간을 정리하고 아이들을 보고 잠시 자고 다음 날 새벽에 다시 출근한다고 했다.

내가 저녁 시간대는 식수가 적고 퇴근한 사람들이 많아 북한 성원들이 다 있을 필요가 없으니 조를 짜서 몇 명씩 번갈아가며 일찍 퇴근하라고 해도 그들은 안 된다고 했다. 저녁 식수는 일정치 않았지만, 열 명이 넘는 경우는 잘 없었다. 하지만 일하는 사람들은 북한 성원 여덟 명에 나와 실장 할머니까지 해서 열 명이었다. 인력낭비였다. 하지만 그녀들은, 우리는 꼭 다 함께 노동한다고 했다. 번갈아 한 조에 몇 명씩 빠지면 그만큼 식당 성원들의 총 임금이 줄어드는 것이 문제였다. 한 달 월급이 남한 돈 10만 원 조금 넘는 돈인데, 그중에 몇 백 원이 빠지게 된다. 어찌할 도리가 없었다.

내 회사라면 융통성을 발휘했겠지만, 규정 안에서 최대한 자유를 지향하는 나는 알았다고 할 수밖에 없었다. 그녀들이 너무 힘들어 보여 뭐라도 해주고 싶어 힘든 물일, 솥 일에 몸 보신하라고 고기를 구워 내놔도 먹는 시늉만 하고 집에 가져가 자식들, 남편 먹이고, 남한에서 주전부리를 사 와 내놓으면 다 먹지 못하고 배가 부르다고 했다. 그리고 꼭 그대로 세척실로 가져가 문을 닫았다. 남한의 90년대 금리가 10% 이상

뛰던 호시절과 대한민국이 망하는 줄 알았던 IMF 시절을 번갈아 겪어본 경험으로 그 마음을 알 것 같기도 하고 사실은 모를 것 같기도 했다. 아니, 더 찬찬히 마음속을 들여다보면 알 것 같았다. 가족들을 위하는 그 귀한 마음은 물질적인 것들을 넘어선 어떠한 깊이가 있다고 여겨졌다.

물론 이 글 밖에서 나는 여전히 그녀들의 가정과 일터에서의 그 말도 안 되게 많은 노동과 총화의 시간들에 마음이 어릿어릿하다. 개성생활 초기, 사람도 차도 다니지 않던 공단 밤길을 혼자 걷다 우연히 만났던 아이 엄마 충성 씨가 생각난다. 그녀는 두 살쯤 된 잠든 아이를 업고 가고 있었다. 처음으로 북한 사람과 단둘이 있어봤다. 그녀는 나를 경계했지만 이내 호기심 어린 질문을 몇 개 던졌다. 자기 이름을 오충성이라 소개하며 부모님이 수령님께 충성하라며 지어준 이름이라고 했다. 탁아소에 맡겨둔 아이를 공장으로 다시 데려가는 길이라고도 했다. 왜요? 하고 내가 묻자 그녀는 물량이 많아서 밤새 미싱을 돌려야 할 것 같다고 했다. 아이는요? 하고 재차 묻자 미싱 옆에 작은 방이 있는데, 거기서 재우면 된다고, 뜨끈뜨끈해 괜찮다고 했다.

신경숙 작가의 소설 『외딴방』의 내용이 생각났다. 그 소설의 배경은 70년대인데, 2015년 개성은 아직도 그 속에 있는 것 같았다. 헤어지기 전 아이를 볼 수 있냐고 물어봤다. 북한 아이를 실제로 보는 건 처음이었다. 대답 없이 걷던 그녀가

멈춰 서서는 등을 들썩이며 보라는 시늉을 했다. 덮개를 걷어 내고 잠든 아이를 바라봤다. "축복한다 아가" 소리가 절로 나왔다. 그리고 갈림길에서 나는 그녀에게 인사하고 헤어졌다. 그녀는 이번에도 대답이 없었는데, 뒤돌아서 몇 발자국 걷자 등 뒤로 "선생, 잘 가시오" 하는 소리가 들렸다. 나도 뒤돌아보며 싱긋 웃고 손을 흔들었다.

물에 젖은 솜 같은 기분이 들었다. 그녀들의 값싼 노동이 휴전선을 넘어와 남한 사람들의 신발이 되고, 정장이 되고, 이불이 되고, 밥솥이 되고, 아기 옷이 된다. 'made in korea'란 문구를 달고 우리 삶에 붙어 지냈다. 궁금해하는 이도, 관심 갖는 이도 없어 몰랐다. TV에서 이따금씩 개성공단을 재개하고 말고 하는 이야기들을 할 때마다 나는 그녀들이 떠오른다.

USB와 벌금 200달러로 남북한 마음 대동단결

북한에서는 매일 일기를 적었다. 휴전선을 넘나들며 일을 한다는 것이 신기하기도 했고 특별한 경험이기도 해서 하루하루가 그냥 가는 것이 아쉬워 대부분의 나날들을 기록했다.

인터넷이 되지 않는 개성의 컴퓨터에서 쓰고 USB에 저장을 하곤 했는데, 어느 날 파우치에 넣었던 것을 까먹고 실수로 가지고 있다 세관에 걸렸다. 사실 USB 자체는 허가를 받고 말고 할 물건이 아니며, 그 안에 별 내용이 없으면 검사 없이 통과, 있으면 그 내용을 읽어보고 별것이 없으면 통과가 된다. 하지만 이날, 북한에서만 쓰던 파우치가 큰 짐에 함께 섞여 들어가 나도 모르게 일기가 담긴 USB를 소지하게 되었다.

정말 깜짝 놀랐고, 그 속에 들어 있는 내용들로 책잡힐까 두려웠다. 내가 쫓겨나는 것은 상관없지만 (사실 약간 무섭기도 하지만) 나와 대화한 북한 사람들에 대한 내용이 있었던 것이 아닌가 하고 너무 괴로웠다. 정말 너무 놀라서 어떻게 하나 하고 사무실에서 썼던 컴퓨터에 복사해둔 일기를 다시 살펴보았다. 지난 세월이 주마등처럼 스치면서 계속 반복되는 말들은, '이곳에서 일을 해 북한 사람들과 일하는 법을 배워 나중에 북한에 배고픈 사람들을 돕고 싶다', 'UN이나 NGO를 통해 영양지원 전문가로 북한에 배고픈 사람들을 돕고 싶다', '북한에 힘없는 사람들을 돕고 싶다', '평화통일이 되는데 쓰이는 사람이 되고 싶다' 등의 내용이었다. 북한에서 혼자 외롭고 힘이 부칠 때마다 스스로에게 되뇌이듯 썼던 말들이었다.

그렇게 지난 일기들을 읽으며 이렇게 착한(?) 내용이라면 큰 문제는 없겠다 싶었는데, 마지막에 북핵문제가 나왔다. 북한의 핵개발에 반대한다는 내용이었다. 이걸 걸고넘어지겠다 싶었다. 북한체제 위반관련 문제로 수용소에서 노역한다는 외국인 관광객, 선교사님들이 생각났다. 혹시 나도 끌려가는 거 아닌가 싶었다. 에이 설마 그럴까 싶다가도 이곳엔 남한 군인도, 경찰도 없다고 생각하니 겁이 났다.

아니나 다를까 그 내용이 문제가 되었다. 다행히 별 다른 말 없이 벌금형을 내리고 사죄문을 쓰라고 했다. 화장실 들어갈 때와 나올 때 다르다더니, 처음에는 그래도 별일 없이 이 정도로 끝나서 다행이다 생각을 하다가, 나중엔 속상하고 화가 났다. 나는 자유민주주의 국가에서 나고 자란 사람이다.

문민정부에서 유년기를 보냈다. 내 생각을 마음대로 쓰고 말할 자유가 있는 나라에서 태어났고 자랐다. 그리고 공공연히 말한 것도 아니고 그저 일기로 적었을 뿐인데 그걸 사죄하라니. 마음도 갑자기 요동쳐서는 사죄문 쓰러 오라는 북한 관리의 통보에, '가서 오늘 내 할 말 다 하리라. 조선민주주의인민공화국은 무슨 민주주의냐. 어떻게 이게 민주주의냐!' 하고 말하고 오늘로 당장 쫓겨나는 한이 있더라도 따지고 보리라 마음먹었다. 여러 가지가 쌓여 눈이 뒤집혔던 것 같기도 하다. 한편으로는 '그래도 내가 종교가 있는 사람인데… 그렇게 막 나가고 싶지 않은데…' 하고 출두(?) 전 조용히 기도했다. '제 마음을 고요케 해주시고 입술에 지혜를 주세요.'

다행히 가는 내내 저 높이 치솟았던 불같은 마음이 서서히 내려오면서 차분해졌다. 막상 세관에 갔더니 그 사람들은 내용도 모르고 있었다. 무슨 일기를 어떻게 썼기에 벌금이 이렇게 나오냐고 말했다. 이제 갓 결혼한 새댁이 돈을 모아야 할 텐데 하며 안타까워했다. 알고 보니 그런 남한 책자, 글 등은 평양에서 온 높은 사람들이 따로 읽어보고는 1급, 2급, 3급으로 관리해 벌금을 매겨주면 개성 세관들은 그냥 거기에 맞게 벌금 받고 영수증을 끊어준다고 했다. 그러나 이곳에도 파마머리에 빵모자를 쓴 조장은 달랐다. 도대체 공화국에 어떤 위해가 되는 말이 있기에 이렇게 된 거냐고, 아주 개성에서 일할 자격이 없는 사람이라며 어서 사죄문을 쓰라고 했다.

"네네~" 하고 사죄문을 쓰는데, 사실 정말 미안하지가 않았다. 그래서 정말 솔직하게 내 마음을 적었다.

"북측 정부에 실례가 되는 내용이 있는 일기를 실수로 USB에 담아 오게 되어서 유감스럽게 생각합니다."

너무 짧다고 더 길게 적으라고 했다. 그래서 뒤에 덧붙이기를 "향후 북측 정부에 실례가 되는 내용이 있는 일기를 실수로 USB에 담아 오지 않겠습니다"라고 적고, 직책, 이름, 사인을 추가로 적고 나왔다. 사죄문 쓰고 벌금 내러 세관이 있는 CIQ까지 남의 차를 얻어 타고 왔는데 사무실로 돌아갈 때는 차가 없어(일정거리는 도보로 이동할 수 없고 무조건 차를 타고 이동해야 해서) 누군가 지나가려나 하고 멀뚱이 현관문 앞에 서 있었다. 아버지뻘의 세관원이 딱한 표정으로 나를 한참 쳐다보다 여기 잠시만 기다리면 남한 사람이 들르니 자기가 말을 해줄 테니 그때 차를 타고 돌아가라고 했다. 그래서 혼자 조용~히 북한 세관원들, 군인들이 잔뜩 있는 그 공간에 앉아 남한 사람 나 하나 오롯이 서서 천장 한 번 보고, 땅 한 번 보고, 창밖 한 번 보고 있었다. 측은했는지 한 명씩 지나가며 말을 건다.

"조금만 기다리라. 기래 벌금 얼마나 냈어? 조심하지 그랬나."

저 멀리서 남한 운전자 분이 오니 큰 소리로 손짓하며 붙잡는다.

"여기!! 여기!! 이 선생 데려가라!!!!"

그날의 경험은 참 신기했다. 식당에 돌아와 이 사건을 전해 들은 식당 성원들은 USB에 적힌 것이 무슨 내용인지 궁금해 하지도 않으며 말했다.

"또 벌금을 내고 기러나. 그걸 걸리면 어쩌나! 몸에(가슴 쪽을 감싸며)라도 숨겼어야지. 에그…."

내가 벌금을 내서 돈이 너무 많이 나가 집에 큰 지장이 생겼다고 괜히 앓는 소리를 했더니, 안 그래도 개성에 있는 지점 대표 중 차 없는 사람이 나 혼자라 남한 사람 중에 가장 돈이 없는 가난한 사람이라고 생각하던 북한 성원들은 다들 자기 일처럼 안타까워했다. 내일이면 또 달라질 수 있겠지만 어쩐지 조금은 가까운 기분이 들어서 신기하고 좋았다.

4장

개성에서 만난 겨울

조장 선생 귤 좀 가져가지 말아요, 제발 필요하면 말을 하세요

가을의 끝자락에 귤의 계절이 돌아왔다. 북한은 귤이 귀하다. 정말 귀하다. 일반 사람들은 겨울에 싱싱한 과일을 먹기 힘들뿐더러 귤처럼 남쪽의 따뜻한 곳에서 나는 작물은 더욱 구경하기가 힘들다. 하지만 남한은 2015년 귤이 풍작이라며 귤값이 뚝 떨어져 10kg에 만 원으로 판매하는 경우도 있고, 세일하는 곳에서는 더 싼 경우도 있었다. 하지만 집에서 개성까지 올 동안 남한에서 버스 타고, 내리고, 타고, 북한에서 내리고, 타고, 내리고를 반복하는 나는 도저히 상자째 들고 개성에 들어갈 엄두가 안 나 귤을 몇 개씩 봉지에 담아 가져갔다.

세 계절이 지나 월요일 아침 북한으로 출근해 성원들에게 인사하면 그녀들은 나에게 인사하며 으레 내 손을 본다. 이제는 매주 기대하는 그녀들의 눈빛에 빈손으로 북한에 들어가기가 머쓱해, 또 반가워하는 얼굴들이 좋아(물론 손에 든 것을 더 반기는 기분이지만) 로드샵에서 50% 세일 하는 립스틱이라든지, 여름엔 노래를 불러대던 선크림, 마트 가면 잔뜩 세일 하는 과자들을 사 가지고 갔다. 하지만 성원들에게 따로 줄 수는 없었다. 기대에 찬 눈빛을 뒤로하고 꼭 조장을 불러서 건넸다. 그러면 다들 뒤에 와 조장 어깨너머로 뭘 가져왔는지 이렇게 저렇게 보고는 싱글벙글이다. 그러면서도 돈도 없는 사람이 뭘 이런 걸 사 왔냐고 했다. "잘 쓰겠수다"라고 말하며. 다른 과일거리도 꼭 인원수대로 챙기곤 했다. 하지만 대부분 집으로 가져가기 때문에 내 몫을 까서 다 같이 맛보였다. 그 자리에서 안 먹고 챙겨 가는 핑계도 매번 같았다. '배가 불러서', '속이 메슥거려서'.

하루는 남한 사람들 저녁식사에 내보내려고 귤을 한 박스 주문했다. 급식에 나가야 했기에 숫자를 다 세어 확인하고 너무 못나거나 조금 껍질이 뜯긴 것(하지만 먹는 데는 문제가 없는 것)을 제외하고는 손대지 않기로 약속했는데, 급식 나가기 30분 전에 또 열다섯 개 넘게 없어졌다. 정말 속이 상했다. 한참 서로 사이가 좋다가 이런 일이 생기면 마치 제로섬 게임 같다. 조금씩 마음을 쌓았다고 생각했는데 신뢰가 또 와장창 무너진 기분이다. 그런 날은 나도 속으로 부아가 치민다. 결국 식사에 한 개가 나가야 할 귤은 반 쪽씩 제공하게 되었고 급식시간까지 나는 사무실로 들어가지 않고 귤 앞에 있었다. 실장 할머니는 또 훔쳤다고 난리가 나고, 나도 화가 났다. 북한 사람들은 또 그 사람들대로 난리도 아니다. "고게 어디 갔을까? 고게 도대체 어디 갔을까??" 하고 서로 기막혀 한다. 진짜 청룡영화제 여우주연상감이다. 내가 물끄러미 북한 성원들 눈을 쳐다보니 얼굴이 빨갛게 돼서는 시선을 피하며 자기들끼리 눈짓했다.

급식실에는 북한 성원 여덟 명과 남한 직원 두 명이 있었다. 들어오고 나간 사람도 없었다. 싸우는 것도 지치고 사람들에게 실망도 되어 급식 후 북한 성원들에게 그만 가시라고 했지만, 조장은 명명백백히 이 일을 따져야겠다고 했다. 나는 "귤이 하늘로 솟았나 봐요" 하고 그냥 가라고 한 후 사무실로 들어가 문을 닫고 의자에 털썩 앉았다. 사실 귤이 문제가 아니었다. 귤 열다섯 개보다 나에게 중요했던 것은 그녀들의 태도였다. 필요하면 사비를 털어서라도 그냥 한 박스 선물할 수 있었다. 하지만 거짓말하고 우기는 태도들이 거대한 벽처럼 느껴졌다.

사무실 문을 닫고 퇴근해 개성 거리를 걸었다. 다행히 한 주에 한 번 남한 사람들 모임이 있던 날이었다. 1km쯤 걷는 동안 북한 노동자들을 가득 싣고 가는 버스들, 자전거를 타고 혹은 걸어서 퇴근하는 북한 사람들을 스쳐 지났다. 한 손에는 담배를 들고 한 손은 주머니에 찔러 넣고 가슴에 휘장을 단 채로 씩씩하게 걷는 아저씨, 삼삼오오 굽 높은 검정 구두를 신고 7~80년대 사진에서 봤던 파마를 하고 어깨에 짐을 메고 공단 출구 게이트로 나가던 여성 노동자들을 스쳤다. 내게 부딪히면 병이라도 옮는지 과도하게 나를 비껴 지나갔다. 둥글고 하얀 얼굴의 나는 누가 봐도 남한 사람이었다. 그런 그들을 스치고 스치며 마음으로 계속 물었다.

"왜? 도대체 왜? 아니, 언제까지요?"

그러다 문득 마음에 드는 생각은, '그중에 아무도 자기가 먹으려고 그 귤을 가져간 사람은 없다', '그들은 엄마다'라는 것이었다. 사실 나는 함께 일하면서 그들이 음식을 훔치고, 들키면 잡아떼고, 악쓰고 하는 모든 행동들이 점장이던 나를 무시하고 얕잡아 봐서라고 생각했다. 만만하니 저렇게들 행동한다고. 그런데 사실 생각해보면 배고픈 사람에게, 그리고 집에도 배고픈 가족이 있는 사람에게 잔뜩 쌓여 있는 고기와 음식들을 보고 절대 가져가지 말라며 감시하는 것은 또 다른 고통일 수도 있겠다 싶기도 했다. 그렇다고 그 행동들을 정당화할 순 없지만 이해를 해볼 수는 있게 되었다.

나중에 남한에 돌아와 북한이탈주민 친구에게 이 이야기를 하니, 그 친구는 웃으면서 말했다.

"눈앞에 음식 놔두고 어찌 안 가져가요. 당연히 가져가지. 뭘 놔두고 계속 감시도 안 하면서 가져가지 말라고 말하면 말도 안 돼요. 먹을 게 없는데 어떻게 안 가져가요. 배고픈데."

그들 모두가 엄마라는 생각이 내 마음을 크게 울린 그 순간부터 화가 쑥 들어가고 평안해졌다. 다음 날, 개성의 유통업체에 부탁해 개인 돈으로 귤을 한 박스 샀다. 물론 남쪽보다 비쌌지만 그들에게, 그리고 그들의 가족들에게 훔친 귤이 아닌 선물 받은 귤을 먹게 해주고 싶었다. 박스를 뜯지도 않고 통째로 조장을 통해 선물했다. "일 열심히 해주는 것 늘 고맙게 생각하고 있습니다. 올해 제주도 귤이 더 달고 맛있네요. 선생님들 드세요." 하니 조장은 '이 사람이 왜 이러나' 하는 착잡하고 복잡한 표정을 짓더니 더 말 안 하고 알겠다고 말하고 다른 성원들을 시켜 세척실로 옮기게 했다. 곧 세척실은 시끌벅적해졌다. 박스를 열고 귤을 꺼내고 나누는 소리가 들렸다. 이번엔 박스째로 줬으니 식구 수대로 하나씩이라도 먹게 되겠지 싶었다.

성원들에게 전하고 싶었던 간식 떡, 과일 그리고 빵

일주일에 한 번씩 있는 남한 사람들 모임은 먹을 것이 풍성했다. 같은 신앙을 가진 사람들끼리 소소히 모여 보내는 소중한 시간이었다. 서울에서 1시간 정도 걸리는 거리지만 마음은 제주보다 먼 이곳에서 함께하며 보통은 2~3주에 한 번씩 그것도 주말에 짧게 가족을 만나며 그리워하는 개성의 남한 사람들에게 이 모임은 따뜻하고 소중했다.

함께하는 날은 대개 간식이 풍부했다. 차가 있는 분들은 남한에서 떡도 떼어 오고, 개성에서 보기 힘든 과일도 사 오셨다. 하루는 아들이 지난주 결혼하신 한 남한 분이 턱을 내셔서 꿀떡이며 인절미며 귤 같은 과일들이 풍성했다. 모임이 다 끝난 후, 양이 많았던 떡과 귤이 잔뜩 남았다. 마지막까지 기다려 얼마나 남는지 조용히 보다가 사 오신 분께 남은 음식을 좀 싸 가도 되겠냐고 물었다. 흔쾌히 남은 귤과 떡을 깨끗하게 싸서 가지고 갈 수 있게 해주셨다.

남한에서는 지하철 좌판에 늘 있는 이 떡들을 그들은 잔칫날에나 접했다. 싸 온 음식들을 가지고 와서 나는 아무 말 없이 그냥 조용히 북한 성원들이 보이는 곳에 두었다. 고맙다는 말을 못 들으면 서운해질까 봐 아예 마음을 접고, 잘들 드시오 그냥 마음만 느끼시오 하고 사무실에서 볼일을 봤다. 한참 후에서야 몇몇 성원들이 사무실 앞에서 말했다.

"잘 먹었어요 점장 쌔임~"

잘 먹었다는 말을 들으니 새삼 놀라웠다. 마음에 그리도 따뜻한 바람이 불었다. 그날 오후 쉬는 시간에 그녀들은 나에게 말했다.

"나중에 점장 선생 나가면 우리 보고 싶어 할까? 생각이나 날까요?"

"다음에 올 점장 선생은 선생처럼 우리를 생각해줄까요?"

나는 멀쩡히 일 잘하는 사람 왜 내보내려고 하냐고 맛있는 거 먹고 신소리한다고 웃었다. 그래도 만약 내가 없으면 나보다 훨씬 더 좋은 사람이 올 거라고도 얘기했다. 그녀들은 내 전임자와 전 전임자를 다 기억했고, 그들의 고마웠던 점, 그녀들을 힘들게 했던 점들을 다 기억했다. 그리고 그중에 누가 제일 좋았다고도 말했다. 아마 스쳐 갔던 그들은 북한 성원들이 자기들을 이렇게 추억하고 있다는 사실을 모를 것이다. 그녀늘 개개인으로 보면 참 정이 많은 사람들이다. 하지만 함께 있으면, 특히 조장이 그들 앞에 있으면 그냥 보통 평범한 사람들인데도 태도나 각도가 달라지고 뻣뻣하게 긴장을 했다. 나는 그들의 월급을 책정하고 휴가를 제공하는 사람이었지만, 그녀들에게 조장은 그녀들의 생사여탈권을 쥐고 있는 사람이었다. 나는 그저 남한에서 온 이방인이었다.

어느 날 조장이 말도 안 되는 이유로 트집을 잡고 밥숟가락 내려놓고 화를 냈다. 성원들에게 다들 나오라는 소리에 첫술도 못 뜨고 한 줄로 식당 밖을 나가던 그녀들을 잡지 못했다. 어느 날은 몸이 아픈 성원에게 남한 약을 건네다 제지받았다. 총화에 얼굴이 터지도록 벌겋게 열이 오른 임신한 성원을 보호할 수 없었다. 내가 상관하면 그녀들에게 더 가혹해지는 상황을 봤기 때문이다. 개성이 폐쇄된 후 그녀들은 내 다음 점장을 만날 수 없었고, 나는 앞전에 그녀들이 했던 질문이 여전히 가슴에 맴돈다.

"나중에 점장 선생 나가면 우리 보고 싶어 할까? 생각이나 날까요?"

당연히 생각난다. 그리고 그녀들도 분명 나를 기억하고 있을 것이라고 생각한다.

1층의 면세점 북한 아가씨들

개성공업지구의 남한 사람들은 미리 신청하고 허가를 받지 않은 이상 남쪽으로도 북쪽으로도 펜스 밖으로 나갈 수 없었다. 예전의 개성을 기억하시는 분들은 개성 시내에 가서 구경도 하고 관광도 하라지만(실제로 2008년 '금강산 사건'이 있기 전까지는 휴일에 개성 시내관광을 가기도 했다고 한다) 2015년 공업지구에 있는 사람들은 기본적으로 공업지구를 벗어날 수 없었다. 오직 공단의 공업지구 안에서만 있어야 했고, 차가 없으면 그마저도 다니기 힘들었다.

특히나 내가 상주하는 사무실이 있는 건물인 종합지원센터에서 갈 수 있는 곳은 1층의 민원실, 은행, 편의점, 면세점 정도였다. 매일 아침 민원실부터 가서 우편물(고지서나 그 밖의 광고지 등의 서류)을 체크하고, 은행에 가서 그날그날의 필요한 회사 돈을 입출금하고, 편의점에 가서 음료수도 한 병 사 마시고, 가끔은 면세점에 가서 자잘한 화장품들을 사곤 했다. 관리는 남한 사람들이 하고 북한 여직원들이 배정되어 상주하고 있었는데 그중에 면세점 직원들은 정말 무례하다 싶을 정도로 도도했다.

"○○립스틱 있어요?"

"거기 어디 있을 겁니다. 스스로 찾아보십시오."

한참을 찾고도 찾을 수 없어 다시 말을 걸었다.

"없는 거 같은데요."

"그럼 없나 봅니다. 다른 거 쓰십시오."

"○○립스틱 색이 예쁘던데 비슷한 거 있나요?"

"우리는 그런 거 모릅니다. 봄 향기 같은 북조선 화장품들이 워낙에 뛰어납니다. 남조선 것은 질이 좋지 않아 쓰질 못하겠습니다."

매번 이런 식의 대화였다. 그냥 화장품 얘기에도 북한 것이 얼마나 좋은지 찬양을 들어야 하고 남한 물품을 비하한다. 북한 직원은 늘 둘 이상이라 서로 맞장구를 쳐가며 남한 물건은 다 별로라고 우습다는 듯 웃기까지 하는 모습이 마치 연극의 한 장면 같았다. 나는 처음 해외여행을 갔을 때 일주일 만에 신라면을 먹으며 태극기를 그려 방에 붙였을 정도로 대한민국을 사랑한다. 넓은 마음으로 뺑쟁이들 또 저런다 생각하면 되는데, 속이 상했다. 남한 제품이 얼마나 좋은데. 댁들이 좋아하는 중국 관광객들도 매대의 한 칸을 다 쓸어 간다고 말해주고 싶었다. 정작 그러기 시작하면 말싸움이 나니까 그냥 한번 세게 쳐다보고 말았다. 상대를 그저 돕고 싶은 대상으로 생각하는 것과 나를 할퀴고자 하는 상대임에도 불구하고 계속 호의적으로 생각하는 것은 명백히 다른 문제였다. 차라리 무조건적으로 상대에 대해 긍휼한 생각을 가졌던, 개성에 들어오기 전이 더 마음이 편했다. 개성에 들어온 이후로 나는 그들을 공격할 마음이 전혀 없는데도, 매번 말로 톡톡 쏘는 걸 보면 한 대씩 쥐어박고 싶었다.

어쨌든 개성에서 필요한 물건을 사려고 진열장을 보면 립스틱, 파운데이션 등 색조 화장품은 물론이고 로션, 크림 등의 기초 테스터 제품들이 거의 바닥이 나 있다. 심지어 클렌징, 샤워 제품들까지 다 거의 빈 병이다. 여기 오가는 남쪽 사람도 별로 없는데 도대체 왜 이렇게 없을까 이상하다고 생각했다. 물론 그 와중에도 면세점 직원들은 남한 것이 별로라는 소리를 노래처럼 해댔다.

그러던 어느 날 오후, 1층 여자화장실에 가니 그 도도한 면세점 직원이 남한 사람들이 쓰고 버린 페트병에 면세점에서 팔던 샴푸, 린스, 트리트먼트를 담아 와서 세면대에서 머리를 감고 있었다. 고개를 들던 그녀와 눈이 딱 마주쳤다. 눈이 어마어마하게 커졌다. 나도 처음엔 깜짝 놀라 헉 하는 마음에 고개를 돌리고 모른 척하며 두 번째 화장실 칸으로 들어갔다. 그 북한 여직원은 거품도 못 닦고 첫 번째 칸에 쏙 들어가 한참을 나오지 않고 그 안에 있었다.

처음 마음에 든 생각은 '골려주고 싶다, 부끄럼 좀 당해보라지'였다. 그렇게 남한 제품을 비하하고, 기분 나쁜 소리들을 하며 체제 자랑을 하고 남한 제품 안 쓴다더니, 저렇게 버린 페트병 주워다가 샴푸를 담아 화장실 세면대에서 머리 감고 있는 모습은 여태까지 들은 많은 기분 나쁜 비하 발언을 뒤집고 다시는 잘난 체 못하게 만들 절호의 찬스였다. 나는 일단 화장실 밖으로 나갔다. 고약하게 굴 때는 머리가 더 잘 돌아갔다. 내가 그 안에 있으면 그녀가 부끄러워 계속 나오지 않으리라는 사실을 알았기에 나간 척하고 화장실 앞에서 기다렸다가 망신 줄 참이었다.

그렇게 한 30초쯤 화장실 앞에 있다가 갑자기 확 부끄러운 마음이 들어 얼른 그 자리를 벗어났다. 그녀에게 수치심 줄 생각에 들떠 있던 내 모습이 부끄러웠다. 당연히 알고 있었다. 나만 보면 남한 물건 욕을 하지만 그녀들은 남쪽에서 나온 가장 고급스런 물품을 접하는 사람들이었다. 진짜 물건이 나빠 욕하는 게 아니라는 것은 은연중에 알고 있었지만, 귀에 들리는 말들이 싫었다. 냉장고도 없으면서 방만 한 냉장고에 장어가 가득하다고, 북조선이 천국이라던 깡마른 공장동 노동자의 말이 그랬다. 북한 여성노동자들이 남한의 제품, 자유로운 환경 등을 동경하고 있다는 것도 알고 있었고, 남한 사람 앞에서 함부로 그런 이야기들을 할 수도 없다는 걸 머리로는 알고 있었지만, 귀로 듣고 눈으로 보는 그들의 비아냥 섞인 적대적인 태도는 나에게는 상처이고 속상함이었기에 한 방 먹일 수 있는 그 순간에 시원하게 날리고 싶은 복잡한 마음이 있었다. 통일을 준비하는 사람이 되고 싶다고 하면서도 '시원한 한 방'을 노린 내 마음이 부끄러웠고, 그 후에 그녀를 마주해도 그 일은 아는 체하지 않고 개성에 있는 동안 누구에게도 말하지 않았다.

그 사건 후 다시 면세점에서 만난 그 도도한 면세점 직원은 처음엔 눈도 잘 못 마주쳤지만 내가 아무 일도 없었다는 듯이 평소처럼 대하니 그쪽도 아무 일 없었다는 듯이 나를 대했다. 사실 좋은 향이 나는 남쪽 샴푸며 화장품이 지천에 있는데 한참 꾸미고 싶을 나이인 20대 초반의 그녀들이 얼마나 남한 제품을 써보고 싶었을까 싶었다. 2017년 대한민국에서 북한이탈주민 정착지원사무소에서 사회에 나오기 전 북한이탈주민들을 대상으로 진로진학 강의를 할 때였는데, 네 시간 가까이 지도를 한 후 10분 정도 남겨놓고 한국생활에 관해 궁금한 게 있으면 질문해보라고 하니, 젊은 탈북여성들은 화장품, 옷 등이 어떤지 뭐가 좋은지 선생님은 어떤 걸 쓰냐며 궁금해했다. 한참 꾸미고 싶은 건 북한에서도 남한으로 와서도 같구나, 한국도 마찬가지지 하는 생각이 들었다. 한국의 화장품에 대해서 아는 대로 설명해주고 북한 화장품은 어떠냐고 물어봤다. 중국제만 못하다는 이야기를 들었다. 하지만 그 중국제도 남한 제품에 비할 바는 못 된다고 했다. 중국에서도 남한의 화장품을 썼다고.

순간 개성에서의 그녀들이 떠올랐다. 계속 거짓말을 해야 하는 것도 참 힘들었겠다 싶어 또다시 착잡한 마음이 들기도 했다. 언젠가 다시 만나게 된다면, 조용히 페트병에 덜어낸 것 말고 샴푸통에 들어 있는 제대로 된 샴푸를 선물하고 싶다. 화장실 세면대에 숨어서가 아니라 당당하게 사용해도 되는.

건물 경비 아저씨와 나

남한에서는 경비 아저씨라고 하지만 북한은 그냥 경비라고 부른다. 결코 하대가 아니다. 따라서 누구나 다 경비라고 부른다. 사실 개성에서는 우리가 언니와 결혼한 사람을 부르는 말인 '형부'를 '아저씨'라고 부르기 때문에, 경비에 아저씨를 붙이지 않는다고도 했다.

각 건물의 경비는, 어느 차가 몇 시에 오고 갔는지, 어디 사람이 왔다 갔는지 묻고, 기록하고, 보고하는 일들을 한다. 어디에 남한 사람 몇 명이 모였고, 어느 업체 사람이며, 몇 시에 모였다 몇 시에 흩어지는지까지 체크한다. 보통은 다른 건물 입구에 들어서면 경비실에서 나와 눈을 부리부리하게 뜨고 큰 소리로 외친다.

"누구요!! 이름!! 어디서 왔소!! 무슨 용건이요! 누굴 만나러 왔소!!"

큰 소리로 취조하듯 외치는 경비들을 만나면 기분이 상하고 주눅이 들었다. 다행히 내가 일하는 건물 경비는 그렇지 않았다. 이미 누군지 알고, 그럴 필요가 없다고 생각했기 때문이었을까? 아니면 우리 북한 성원들이 급식소에서 남은 국들로 끼니를 챙겨주기 때문일 수도 있었다.

경비는 3교대로 돌아간다. 세 명이 돌아가며 8시간씩 교대로 근무를 서기 때문에, 보통 건물 내 숙소에서 식사를 해결하는데, 언젠가 북한 노동자들 식당에서 보니 낡아서 칠이 다 벗겨진 작은 중국제 밥솥에 묵은 쌀로 밥을 짓고 반찬도 없이 밥을 먹는 일이 다반사였다. 식당 성원들이 처음에는 몰래 남은 국을 좀 챙겨다 주곤 했는데, 1년 정도 지나자 아주 당당하게 "경비의 국이요" 하며 챙겨 갔다.

경비는 가로세로 넓이가 1미터는 될까 싶은 그 좁은 경비실을 본거지로 낮에는 건물을 돌아다니며 빈 병을 주워 모았다. 남한 사람들이 건물의 1층 편의점에서 마시고 버린 페트병을 주워서 나눠주든지 팔든지 하는 것 같았다. 밤에는 외롭고 춥게, 혹은 덥게 그 자리에 앉아 있었다. 출근하면서 좁은 방에 있는 경비의 주름진 이마를 보는데 집에 계신 아버지가 생각이 생각났다. 이날은 식당에서 김밥을 만들었는데, 내 몫으로 남겨진 김밥을 검은 봉지에 싸서 조용히 앞에 놔두고 왔다. 좁은 방에서 환하게 웃어주던 모습이 생각난다. 무뚝뚝한 얼굴에 눈가에 주름이 쫙 접히며 웃는 모습이 참 순박해

보였다.

그 경비는 내가 그의 출퇴근용 자전거를 타보고 싶다고 하면 자전거를 빌려주기도 했고, 이렇게 저렇게 타라고 조언도 해줬다. "선생, 멀리 보시오, 중심 잡고 고개 떨구면 넘어지오" 하고. 자전거에 소질이 없던 내가 겨울쯤부터 개성에서 낡은 차를 얻어 운전연습을 할 때는 열심히 하라고 한겨울임에도 경비 방의 창문을 열고 지켜봐주며 조심하라고 허허 하며 웃다가 내가 건물 밖으로 한참 가서 코너를 돌 때쯤 다시 문을 닫았다. 그는 머리가 모자보다 한참이나 커서 꽉 끼는 모습까지 남쪽의 아빠를 닮으셔서 마음이 갔다.

페트병을 줍다가 나와 눈이 마주친 날에는 슬쩍 뒤에다 감추며 눈을 내리깔고 경비실로 황급히 돌아갔다. 한 사람 월급이, 그것도 기본급이 한국 돈 8만 원도 안 되니, 한 병에 1~3달러 하는 페트병 음료수는 못 드시겠구나 하는 생각이 들었다. 게다가 이 사람들은 달러로 월급을 받는 게 아니라 북한 돈과 배급표로 월급을 받으니, 달러를 주고 먹을 수 있는 구조가 아니었다. 코카콜라, 사이다, 오렌지주스 등등 맨날 빈 병만 보고 무슨 맛인지 궁금하시겠다는 생각에 퇴근하며 음료수를 몇 병 사 경비실 앞에 두고 창문을 두드리고 뛰어갔다. 혹시 누가 보고 남한 사람한테 뭘 받았냐고 아저씨를 총화 때 괴롭힐까 봐 걱정되었다. 도망치듯 달려 그 자리를 떠났다.

다른 건물 경비는 지나가다가 사진기만 들고 다녀도 달려나와 인상을 팍 쓰며 무섭게 소리를 지르곤 했다. 하지만 우리 건물 경비는 나는 물론 다른 어떤 사람에게도 소리 지르지 않았다. 남한에도 이런저런 사람 있듯이 북한에도 이런저런 사람이 있나 보다 하는 생각이 들었다. 정말 그랬다. 개성에서 근무했다고 하면 남한 사람들은 “북한 사람들 어때요?” 하고 물어본다. 개성에 1년 남짓 있었던 내가 척척박사인 것처럼 이렇다 저렇다 할 수 없다고 생각한다. 나는 북한에서 왔다는 이유 하나만으로 TV에 나와 자신이 전문가라고 말하며 북한이탈주민들을 한 무더기로 묶어 판단하는 말을 하는 사람들이 신기하다. 확실히 말할 수 있는 건, 북한에서도 지역차가 크고 특히 평양, 개성 사람들과 타지역 사람들의 생활수준이 차이가 있으며 출신 배경에 따라 다르고 사람 성격마다 다르다는 것. 일 년 내내 얼굴을 본 똑같은 북한사람들도 어떤 이는 들어올 때 약을, 화장품을, 무엇을 요구하는 사람도 있고, 너무 점잖고 선량해 오히려 남한 사람들이 혹시 뭐 필요한 게 있으시냐고 물어봐도 허허 웃으며 아니오, 됐소, 괜찮소 하는 사람이 있다.

우리 식당 성원들 중에도 조장에게 투쟁해서 점장 선생이 우리에게 주고 싶은 건 꼭 달라는 성원도 있고, 조용히 뒤로 와 바닥 닦는 체하며 그냥 점장 선생 다 가져다 쓰라고 괜히 우리 땜에 조장에게 아쉬운 소리 하고 마음 상하지 말라고 하는 사람도 있다. 그냥 북한 사람은 이래요, 라고 말하기는 어렵지만, 누가 물어보면 내가 만난 그들은 어떻고, 남한 사람을 대하는 그들의 태도는 또 어떻다는 것을 객관적으로 설명할 수는 있을 것 같다.

북한 김장속과 남한 김장속 바꿔 먹기

초겨울 김장철이었다. 김장 시기는 남쪽 북쪽 다 비슷한지 식당 성원들이 김장한다고 번갈아 하루씩 휴가를 냈다. 월요일부터 토요일 점심까지 주 6일을 근무하니 휴가를 따로 쓰지 않으면 김장 같은 큰 행사를 벌이기가 쉽지가 않다. 겨울쯤 되니 사람들도 서로 더 친숙해지고 행동에도 변화가 있는 것이 느껴진다. 봄이나 여름의 반나절 휴가 같은 경우는 나에게 따로 말 안 하고 쓱 가고, 나중에 조장이 와서 아무개가 일이 있어 먼저 갔다고 툭 말하고 마는 방식이었는데, 이젠 반차 갈 일이 생기면 나갈 복장을 다 하고 조장과 같이 사무실로 찾아왔다. 그러나 여전히 휴가 간다고 말하는 사람은 가는 성원이 아니라 함께 온 조장이었다.

"점장 선생, 효숙이가 일이 있어서 먼저 가야 한다는데, 집에 김장이 있대요. 남편이 배추 다 사다 놓고 오라고 한다고 가야 한다고 합니다.”

“잘 다녀오시고 김치속 남으면 싸 와서 같이 먹어요. 잘 다녀오세요.”

효숙 선생은 그냥 웃는다. 그리고 다음 날 진짜 김치속을 싸 왔다. 아주 글씨가 다 벗겨진 낡은 중국산 플라스틱 통에 새빨간 양념의 김치속을 담아 왔다. 무채를 손으로 직접 썰었다는데 어찌나 결이 고운지, 젓갈 냄새가 양념과 어울려져 군침이 돌았다.

점심에 다 같이 밥을 먹는데, (물론 남쪽 사람 둘, 북쪽 사람 여덟은 각기 다른 테이블에서 먹었다. 암묵적인 룰이었다.) 빈 테이블을 하나 사이에 두고 한 식탁에 먹는 것처럼 서로 대화했다.

“젓갈을 뭘 썼어요?”

“꼴뚜기 젓갈! 우리는 꼴뚜기로 김치를 담가요.”

“이거 푸릇푸릇한 건? 고수예요?”

“네~”

“남쪽에선 김치에 고수 잘 안 넣는데?!”

“고수 안 넣고 무슨 맛으로 김치를 먹나. 우리는 고수가 꼭 들어가는데?”

다 함께 깔깔깔 웃었다. 뜨거운 쌀밥에 매운 김치속을 밥에 쓱쓱 비벼 한 그릇 하고 또 밥을 반 공기 더 떠 맛있다며 먹으니 아주 좋아했다.

“점장 선생, 우리 김치속 잘 먹네!”

“지난주 은정도 김치 했는데!!”

“그럼 은정 선생도 김치속 싸 와줘요~ 다음엔 나도 남쪽 가서 김치속 가져올게요.”

며칠 뒤 은정 성원도 정말 김치속을 가져왔다. 담그고 바로 날이 좋아져 삭아버렸다며 자꾸만 내 표정을 살폈다. 북한 사람들은 남한 사람이 자기들 음식 맛없다고 하면 굉장히 자존심이 상해 했다. 물질적인 자부심을 가지기에는 남북이 너무 차이가 나니 유형의 것이 아닌 무형의 것들로 북한의 것이 낫다고 자꾸만 주장한다. 요리도 그 무형의 것 중에 하나였다. 부엌에 작은 전쟁이 일어날 때마다 남한 실장 할머니가 하는 음식은 맛이 없어 못 먹겠다고 말했다.

어쨌든, 맛이 어떠냐며 다 같이 내 얼굴을 바라봤다. 사실 북한은 옛날처럼 땅에다 김장독을 묻는다. 김치냉장고야 당연히 없고 설령 냉장고가 있어도 전력이 부족해 하루 몇 시간 잠깐 전기가 왔다 가기 때문에 음식이 상하기 쉬운지라 웬만한 것은 실온에 두고 먹는다. 일주일이 지난 김치속은 실온에서 시큼하게 익어버렸고, 북한 성원들이 먹기에도 그렇게 맛나진 않았는지, 자꾸만 내 입에서 무슨 소리가 나올까 하고 쳐다봤다.

“맛있어요. 새콤하고, 북쪽 김치속 맛있네요~”

그제서야 북쪽 사람 솜씨가 좋다며 또 자랑이다. 하지만 속을 알 만한 몇몇 성원들은 점장 선생이 부러 저렇게 말하려니

하고 빙긋이 웃는다.

그 주 주말, 나는 버스를 타고 육로로 남한에 내려와 바로 남편과 함께 시댁에서 김장을 했다. 결혼 후 첫 김장이고, 고강도의 노동을 생각하고 갔는데 막상 가보니 시어머님은 멀리서 고생하는 며느리가 안쓰러워 손이 많이 가는 밑 준비를 혼자 해두셨고, 일을 도와주실 분들도 부르셨다. 감사한 마음으로 열심히 배추에 속을 막 문대고는 남은 김치속을 보다가, 북한 사람들에게 김치속 얻어먹었다고, 나도 가져다주기로 약속했다고 말씀드렸다.

"그래? 그럼 가져가야지."

시어머님은 지퍼 백에 김치속을 넉넉하게 싸주셨다. 냉장고에 잘 넣어 두었다가 월요일에 버스를 타고 개성으로 들어가 점심시간에 남쪽에서 만든 김치속이라고 함께 먹자고 꺼내니 다들 좋아했다. 그런데 성원들이 물어봤다.

"시댁 것을 이렇게 가져와도 돼요??"

왜 안 된다고 생각하는지 이해가 되지 않았지만, 괜찮다고 말하고 함께 내가 가져온 김장 속에 밥을 비벼 먹었다.

문득 누리미 공장동의 여자화장실에서 북한 노동자 두 사람이 한 얘기가 생각났다. 시어머니가 쌀을 대라고 해서 속상해 죽겠다고. 한 달에 10kg나 대라고 했다며, 시집올 때 해준 것도 없으면서 쌀 보내라고 한다고 속상하다고 했다. 그러니 옆에 다른 노동자가 우리도 돈 보내라고 한다고 속상하다는 비슷한 종류의 말을 했다. 가끔 TV에서 북한이탈주민들이 나오는 토크프로그램을 보면, 이런 비슷한 얘기가 나왔던 것 같기도 하다. 고부갈등은 남한과 북한에 다 있는가 보다 하며 신기했다. 어쨌든, 북한 사람들과는 다른 얘기 안 하고 먹을 것 얘기만 하는 것이 제일 편하고 누구도 화내지 않고 싫은 소리도 하지 않아 좋았다. 그래서 회담 때도 그렇게 냉면 얘기를 했나 보다.

아직도 보고 싶은 북한 성원 리순희

겨울이 다가오는 어느 월요일 오후였다. 나와 동갑이던 북한 성원 리순희가 업무 중 손가락이 푹 베여서는 살이 너덜너덜하게 부어올랐다. 그걸 보고는 내가 놀라서 그냥 놔두면 곪고 더 아프니 약을 바르자고 하니 반대쪽에 서 있던 무표정한 조장 얼굴을 쓱 보더니 무심하게 대답했다.

"일 없습니다."

안 된다는 뜻이었다. 약을 바르자고 한 번 더 청했더니 일 없다며 아예 반대편으로 가버렸다. 속이 상했다. 큰 솥에 화상을 입어도, 칼에 살을 베여도 사람들은 조장의 허락 없이는 약을 받지 못했다. 조장이 데리고 와야만 약을 가져갔다. 조장은 고갯짓으로 순희 성원에게 세척실로 들어가라고 했다. 이번에도 나는 무력함을 느꼈다.

내가 무언가 더 얘기하게 되면 당사자가 곤란해진다. 따로 그녀에게 괜찮냐고 물어볼 수도 없었다. 온 사방이 서로를 지켜보는 눈이었다. 그런데 마침 그 주간 맥심커피 당번이 그녀였다. 북한 성원들 수만큼 커피를 가져갈 때는 2초 정도의 아주 짧은 순간이라 대부분 혼자 오게 되는데, 사무실 앞에 온 그녀에게 내가 입모양으로 '약 바르자' 하니 손을 쓱 사무실 안으로 내밀며 일부러 큰 소리로 외친다.

"점장 선생 커피 주시라요!!!"

나도 후시딘을 얼른 순희 성원 손에 발라주고는 손에 맥심커피를 잔뜩 쥐어주고 큰 소리로 답했다.

"여기요!!!"

아무도 보지 못하는 사각지대에서 그녀와 나는 서로의 눈을 마주보며 싱긋 웃었다. 그 주 맥심을 가져갈 때나 순희 성원이 혼자 일을 하고 있을 때는 슬쩍 다른 데 보는 척하며 손을 깨끗이 씻고 내 약지에 약을 발랐다가 그녀의 상처 난 손에 슬쩍 바르곤 했다. 어느 날은 커피를 타러 왔을 때 지난번처럼 약을 바르려 하니 입모양으로 조용히 '조장이 와요, 조장 와' 하며 얼른 커피만 받아서 쓱 나갔다. 나도 혹시나 손에 약을 발라준 것이 걸려 그 친구가 문책을 받을까 봐 가슴이 쿵쾅댔다.

한 일주일쯤 그렇게 하자 너덜너덜했던 상처는 다행히 자리를 잡고 딱지가 앉았다. 그래도 한동안은 시커멓게 살이 눅어 있었다. 더 꼬박꼬박 약을 바르고 소독했으면 괜찮았을 텐데 안타까웠다. 개성에서는 약을 주는 것도, 먹을 것을 나누어 먹는 것도, 성원들과 이야기를 하는 것도 조장의 허락이 있어야 했다. 한번은 이가 썩어 치통이 심해 얼굴을 계속 찡그리고 있는 성원에게 진통제를 주려고 했더니 조장이 안 된다고 했다. 이 정도 통증은 혁명정신으로 이겨낼 수 있다며. 성원들과 남한 사람인 내가 더 가까워지는 것이 문제가 되기 때문이라는 것을 알면서도 여전히 그때를 생각하면 속상하다.

북한도 약이 있다고 말한다. 1여 년간 있으면서 북한 사람이 먹는 약을 본 것은 두 번이다. 한 번은 북한의 높은 관리가 먹은 중국산 항염증제였고, 한 번은 체증이 있다고 북한의 중간 관리자가 먹던 북한산 한약이었다. 우리네 한방 한약과 같은 동글동글한 환이었는데 한 알의 크기는 우리나라 것의 4~5배 정도 되는 사이즈였고, 그 약봉지는 가로세로 4~5cm 정도 되었다.

그런데 궁금한 건 이렇게 평양에서 온 사람들은 약을 먹지만, 그냥 일반 사람들은 어떻게 약을 먹냐는 것이다. 아마 그들의 말처럼 약이 있을 수도 있겠지만, 만약 약이 있다면 며칠씩 아파하지는 않아야 할 텐데, 같이 생활해 보니 약을 모든 사람이 다 사용할 수는 없나 보다 싶었다. 그래서 이후에는 아예 약통을 밖에 내놨다. 약통을 그네들이 자주 다니는 길목에 두고 모른 척하고 있다가 가끔씩 약통을 열어 없어진

약들, 주로 진통제나 항염제, 후시딘 같은 것들을 다시 챙겨 넣었다. 그렇게 남한 물건 필요 없다더니 약들은 약통에 넣는 족족 사라졌다. 채우고 또 채우던 약통은 아마 지금도 식당 한켠 어딘가에 먼지 쌓인 채로 있을 것이다.

그 덕에 자주 몸이 아파 보였던 순희 성원의 안색도 많이 좋아졌다. 그녀는 다른 성원들과 있을 때는 나와 눈도 마주치지 않지만 아주 가끔, 1분도 안 되는 둘만 있게 되는 상황엔 이런저런 얘기들을 꽤 꺼냈다. 남한은 다들 차가 있는지(개성에서 정말 많이 들은 질문이었다), 반찬은 보통 무얼 먹는지, 시부모님은 어떠신지, 신랑은 어떤 사람인지. 북한 사람들은 질문을 많이 하는데, 얼마쯤 지나고 나니 이게 보고용 질문인지, 정말 궁금해서 하는 질문인지 감이 왔다. 주로 부모님 직업, 이름, 남편 이름, 회사, 집 주소, 출신학교 등을 처음에 물어본다. 나는 정말 궁금해서 그런가 보다 하고 매번 대답해줬다. 그런데 어느 순간, 진짜 궁금한 것도 있겠지만 리스트업해서 보고하는 내용이란 생각이 들었다. 정말 궁금해서 묻는 질문은 내용 자체가 다르다.

이 동갑내기 성원은 정말 궁금해서 많은 걸 물어봤었다. 여기 나와 일 하는데 남편은 뭐라고 안 하냐며, 혼자 이렇게 지내려면 심심하겠다며 동무가 보고 싶지 않냐고 했다. 한번은 매듭이 꼬인 비닐봉지를 가위로 자르려고 하니 지나가다 와서는 "점장 선생~ 잠깐만요 매듭은 풀어야 좋대요~" 하며 손공을 들여 비닐봉지의 매듭을 풀어냈다. 남한에 온 지금도 가끔씩 매듭은 끊지 말고 풀어야 좋다던 그 말이 생각이 난다. 그녀에게 만약 내가 남한에 아주 내려가게 되더라도 더 좋은 점장이 와서 성원들에게 잘 해줄 것이라고 말하면 "물건은 새것이 좋고 사람은 옛사람이 좋대요." 하며 곁을 맴돌았다.

북한 세관과 세금문제로 심각하게 얘기를 하고 돌아온 내 표정이 심상치가 않으니 혼자 걸레를 들고 와서는 사무실 문 앞 바닥을 청소하는 체 헛걸레질을 하며 묻는다.

"무슨 일이야요? 왜 표정이 그래요? 조장이 또 뭐라고 했어요?"

나는 사무실 앞에 붙여둔 메뉴표를 고치는 체 펜을 들고 애먼 종이에 줄을 긋는 시늉을 하며 말했다.

"아니에요, 그냥 세금문제 때문에 골치가 아파 그래요. 식당일 때문이 아니니 걱정하지 말아요."

대답하고 일부러 내가 먼저 멀찌감치 떨어진다. 누가 보고 혹시 그녀에게 해가 될까 싶어서. 그녀와는 동갑이기도 했지만 마음이 맞아 늘 사각지대에서 눈이 마주치면 함께 씨익 웃었다. 조장이 며칠에 한 번씩 퉁을 내면(주로 자기들끼리 총화하기 전쯤 기강을 잡기 위해 한 번씩 생트집을 잡아 내게 싸움을 걸 때가 있었다), 성원들은 식당에서 식사하려고 밥숟가락을 들었다가도 내려놓고 조장을 따라 올라가야 한다. 그럴 때면 맨 뒷줄에 서서 가다 뒤에 물건 찾는 체하며 내게 찡긋 윙크를 하고 갔다. 걱정 말라는 듯이. 그러곤 나중에 "조장도 제풀에 지쳐 그만할 거야요, 걱정하지 말아요"라고도 했다. 이래저래 고마운 마음이 많았다. 마음바탕이 좋은 사람이었다.

언젠가 내가 그녀에게 이렇게 말했다.

"또 조장이 나한테 소리 지르고 성원들 다 같이 그래야 하는 날이 생기면, 순희 선생이 조장 옆에 바짝 붙어 제일 큰 소리로 나한테 소리 질러야 해요. 알았죠?"

그녀는 커다란 밥솥의 누룽지를 득득 긁으며 알겠다고, 제일 큰 소리로 그렇게 하겠다고 웃어 보였다. 그러던 어느 날, 월요일 개성으로 출근하니, 순희 선생의 얼굴이 맞은 것처럼 부어 있었다. 무슨 일인가 싶어 다가가려고 하면 뒷걸음질 치고 멀리서 나만 보이면 도망가고 눈만 마주쳐도 피했다. 이게 무슨 일인가 싶어 개성에 계신 남한 분들에게 여쭤보니, "쥐어 터진 게야… 끌려갔구만" 했다.

남한 사람과 친하게 지낸다 싶은 사람, 조장 말에 토를 다는 사람, 다 정신교육을 하러 다녀온다고 했다. 말이 정신교육이지 여자 남자 따로 없고, 여자도 머리며 빰이며 때리고 정강이를 차고 심한 경우엔 한 번 다녀오면 한 일주일은 눈에 초점도 없다고. 사라졌던 기간은 북한 조장이 휴가로 처리한다. 몸이 아파 다시 일도 못 하는 사람을 미싱 앞에 사람을 앉혀놓으면 어쨌든 출근한 만큼 남한 회사에서 수당이 나오니 아예 쉬게 하진 않는다. 금요일까지는 멀쩡했던 그녀에게 주말 사이에 무언가 일이 생겼던 것임에 분명하다는 생각이 들었다.

월요일 아침마다 밝게 인사하던 성원들도 표정이 어둡고, 조장은 더욱 차가운 얼굴이었다. 이날은 정말 마음이 많이 힘들었다. 너무너무 속상하고 마음이 아팠다. 나도 성원들 얼굴을 보지 않고 눈도 마주치지 않았다. 누군가 또 다칠 수 있을지도 모른다는 마음이 들어 그렇게 할 수가 없었다. 맥심커피도 인원수에 맞춰 사무실 밖 테이블 위에 올려두고 따로 인사하지 않았다. 그렇게 살얼음판 같던 조용한 일주일이 흘러갔다. 다음 주가 되어 그녀는 여전히 옅은 멍 기운이 있는 얼굴이었고, 내가 지나가도 도망치지는 않았지만 이번엔 내가 그 옆에 있을 수가 없었다.

몇 주 후 개성은 폐쇄되었다. 남한에 나와 몇 달을 다시 일을 구하다 하반기에 북한이탈주민들을 지원하는 기관에서 일했다. 사회에 나오기 직전의 북한이탈주민들을 가득 실은 버스가 한 달에 한 번씩 기관으로 왔다. 버스에서 내리는 그녀들의 얼굴을 한 사람 한 사람 보며 혹시나, 혹시나 하는 생각을 했다. 하지만 역시나였다. 한국에서 얼굴을 보게 되면 얼마나 힘들게 탈북했는지 알기에 너무 눈물이 날 것만 같았다. 하지만 북한에 여전히 있다고 생각하는 것도 마음이 아팠다. 언젠가 꼭 한번 만나보고 싶다. 그럴 날이 오길 바란다.

12월 11일 회담날, 랭천사이다

그날은 아침부터 분주했다. 16명의 기자단, 그리고 36명의 회담 인원들. 그들의 식사 준비는 우리 급식소의 몫이었다. 회담 하루 전날, 조장과 북한 성원들에게 이번 회담이 잘되어야 개성공업지구도 잘되고, 개성관광도 잘될 것이니 말씨도 부드럽게 하고 제발 일부러 강하게 말을 던지지 말고, 부디 잘하자고 신신당부를 했다. 그래서 그랬을까? 회담 당일 아침에 보니 화장들도 곱게 준비하고, 기대에 가득 찬 눈빛이었다.

이날은 유난히 식당 바닥도 광이 나게 닦고 식탁도 더 깔끔히 정돈하며 분주했다. 점심식사를 준비하는 동안 세관원과 늙은 군인이 왔다.

“마요네즈 있소?”

“마요네즈요?”

"그래 그 마요네즈~"

"새것이 없고 뜯어둔 것이 있는데요, 그리고 지금 회담 준비로 바쁩니다."

"쓰던 거라도 주시오~"

기가 찼다. 회담이든 말든 마요네즈나 내놓으라는 태도였다. 알았다고 하고 냉장고에서 뚜껑을 뜯은 마요네즈를 가져다가 줬더니 검정봉지에 싸서 달라고 했다. 검정봉지에 싸서 전해주니 북한 성원들은 알 만하다는 눈빛을 보내기도 하고 부끄러워하는 눈빛도 있었다. '하필 오늘 같은 날!!' 아마 다 같은 생각을 하고 있었던 것 같다. 회담을 하든지 말든지 우리의 할 일(?)은 하겠다는 세관원과 군인의 굳은 의지에 실소를 터트렸지만 다시 회담 준비로 돌아가야만 했다.

회담 준비로 개성에 온 기자들은 열 명이 넘었고, 그들은 한 건물에만 머물러 있어야 했다. 결국 북한까지 와서도 평양식당 한 번 못 가보고 남한 급식소 밥을 먹어야 했다. 뭔가 북한스러운 것을 원하는 그들에게 평양식당에서만 파는 북한의 랭천사이다를 맛보이기로 했다. 차까지 대절해 도착한 평양식당의 도도한 북한 매니저는 아직 영업시간이 아니라며 가라고 했다. 회담에 필요하다고 얘기하니 20분 후쯤 사이다가 오니 기다려보라고 했다. 잠시 기다리니 "가시지요" 하며 큰 봉지 두 개를 들고는 엘리베이터를 타고 버스가 있는 곳으로 함께 갔다. 개성시내에서 들어온 북한 버스의 짐칸을 열고 급하게 개수를 세서 얼른 랭천사이다를 봉지에 넣고 다시 차로 이동했다.

생각했던 것보다 오가는 시간이 지체되어 마음이 급했다. 하지만 엎친 데 덮친 격인지, 자동차 앞 숫자판이 흐리다는 이유로 차의 시동을 걸고 1분도 채 되지 않아 사거리에서 북한의 교통보안원에게(교통경찰) 잡혔다. 공화국법을 지키지 않아 엉망이라는 훈계를 10분이나 들어야 했다. 지금 회담 준비하는 중이니 빨리 가야 한다고 읍소를 해도 그건 핑계가 되지 않는다고 했다. 날이 날인지 세관원도 교통보안원도 정말 너무들 했던 하루였다. 숫자판을 더 짙게 달겠다고, 죄송하다고 한참을 사죄하고(만약 대꾸하거나 바른말 하려 들면 그냥 끝나지 않는 블랙홀 싸움이 시작되기에) 식사시간에 겨우 맞춰 식당에 들어왔더니 성원들이 내가 하도 오지 않아 회담에 참여하러 간 줄 알았다고 우스갯소리를 했다.

어렵게 공수해 온 랭천사이다를 테이블에 깔고, 남한에서 온 기자들을 맞이했다. 나에게 남한 사람이냐고 물었다. 왜 여기 있냐고도 물었다. 북한에 있는 남한 사람을 만나볼 기회가 적었으리라. 기자들은 랭천사이다를 가져가도 되냐고도 물어보고 가방에 챙겨 넣기도 했다.

식사 시간이 끝나고 그들을 회담장으로 보낸 후 오후의 쉬는 시간, 북한 성원들과 얘기하다가 낮에 교통보안원에게 걸렸었다고 하니, "벌금이 쎄디요?" 한다. 내가 웃으며 '너~무쎄서 싹싹 빌고 왔다'고 했다. 공화국 벌금이 너무 세서 출입경 벌금 걸리면 그냥 차라리 개성에서 안 나가고 공업지구에 주말 동안 있어야겠다고 장난 삼아 말을 했다. 그랬더니 진심으로 걱정스러운 눈빛이다. 남편과 내가 셋방에서 산다고 했더니, 정말 엄청 가난한 줄 알고(실제로 부자는 아니지만) 걱정을 해준다. 결혼했으니 세간도 들여야 할 테고, 아이도 낳아야 하는데 벌금 내지 않게 조심하라고 했다. 그 걱정이 진심처럼 느껴져 마음이 따뜻했다.

저녁 식사 후 퇴근하고 나서 숙소에 돌아와 들은 회담 소식은 결렬이었다. 밤이 아주 늦어서야 끝난 회담은 내가 매일 오가며 다니는 건물 출입구에서 북한 인사가 이따위 회담이면 다신 하지 말자로 소리 지르는 것으로 화면이 종료되었다. 나도 기대했고, 북한 성원들도 나중에 이 소식을 들으면 실망할 텐데 싶어서 마음이 안타까웠다. 다음 날 아침에 출근하니 표정들이 안 좋았다. 식당 안에 찬바람이 쌩 했다. 우리 사이에는 아무 일도 없었는데, 우리 밖에서 일어난 일들이 우리를 또 갈라놓았다.

북한 엘리트 여성 수희

건물 1층의 안내실에는 두 명의 북한 안내원이 근무했다. 한 명은 경희라는 친구였고, 한 명은 수희라는 친구였다. 특히 수희는 그 유명한 김일성종합대학을 졸업하고 중국어와 영어를 아주 잘했던 기억이 난다. 그녀는 나에게 새로운 이야기 듣는 것을 좋아했다. 하지만 출신성분 좋고 당성이 충만한 그녀는 이미 북한에서도 혜택을 많이 받고 사는 사람이라, 동경이라기보다는 호기심 수준이었다. 우리 식당 성원들이 물질적인 것들을 궁금해했다면 수희는 정신적인 것들을 궁금해했다. 민주주의, 종교, 정치 등에 대해 선을 지키며 서로 이야기했다. 물론 수희가 나와 나누는 대화를 위에 보고할 것이라는 건 다 알고 있었다. 나와 했던 얘기를 참사관도 알고 있었으니까.

나도 그녀와 얘기한 것을 비밀로 하진 않았다. 그녀는 매일 내가 찾아오기를 기다렸다. 각 업체에서 서로 소식을 안내실에 우편물을 넣어 전하기 때문에 나도 거의 매일 안내실에 가 우리 사업체의 우편물을 가지고 왔다. 겸사겸사 5분이나 10분씩 대화를 했다. 내가 이틀 이상 내려가지 않으면 수희는 전화를 해서 엄청 사무적인 목소리로 누가 찾으니 내려와 보라고 했는데, 가면 자기가 찾았다며 방긋 웃었다. 열쇠로 서랍을 열어 남한 사람이 준 과자를 꺼내 나눠 먹자고 했다. 그럴 땐 대개 수희 혼자 있었다.

우리 식당의 북한 성원들은 나와 둘이 있게 되면 그렇게 곤란해했는데, 수희는 아무렇지도 않았다. 평양식당 매니저 여성도 그랬다. 분명한 계급이 존재하는 사회처럼 느껴졌다. 12월 어느 겨울날 주로 맨얼굴로 근무를 하던 나에게 수희는 화장을 해주고 싶어 했다. 몇 차례나 괜찮다고 했지만 계속되는 요청에, 한 번만 얼굴을 내어주기로 했다. 얼굴을 내어주는 결단을 내린 그날, 그녀는 핸드백에서 요즘 남한에서는 문방구에서나 팔 법한 아이들 장난감 화장품 같은 것을 꺼냈다. 화장품의 뒷면을 보니 중국 한자가 적혀 있고, 냄새는 오래된 화장품의 기름 뜬내가 났다. 개성의 편의점에 근무하던 북한 여직원들이 좋은 것이라던 핸드크림도 딸기 그림이 그려져 있었지만, 냄새는 다 날아가고 질감은 질척거렸다. 도대체 언제 중국에서 넘어왔는지 알아볼 수도 없을 정도였다. 이들이 쓰던 화장품도 그랬다.

이렇게 찝찝해하는 나의 마음도 모르고 내가 얼굴을 맡겼다는 사실에 신이 나 있었다. 색색의 립스틱을 이리 바르고 저리 바르고 또 요리조리 바르더니 다 됐단다. 얼굴을 보니 웬 촌 아줌마가 거울 속에 있다. 남한에서는 환갑이 다 되어가는 우리 엄마도 안 바르는 형광 섞인 반짝이는 분홍 입술에, 눈두덩은 퍼런 기가 심한 것이, 부어 보였다. 거울을 보고 막 웃었다. 웃으며 다시 화장을 고치는 나와 수희, 그리고 옆에 앉았던 경희는 사회의 다양성에 대해 이야기를 했다. 어떤 상황에 대해 다양하게 이야기할 수 있는 사회가 건강한 사회이지 않겠느냐, 서로의 다름도 받아주고 이해할 수 있으면 좋지 않겠냐고 화두를 던졌다. 그녀들은 답했다.

"그래도 기왕이면 성원들이 마음 모아 한 생각 한길로 함께 나가는 것이 좋지 않겠습니까?"

"그러다 그 길이 옳지 않은 길이면, 누군가 다치고 소외받는 길이면 어떻게 해요?"

"큰일 하다 보면 작은 문제들도 생기지 않겠습니까?"

뭔가 사례를 들어 더 이야기를 하고 싶었지만 할 수 없었다. 사실 늘 이랬다. 핵심적인 얘기를 하려다 보면 사상 얘기가 나올 수밖에 없고, 그러다 보면 문제가 될 만한 얘기가 나오게 될까 봐 에둘러 표현하다 말을 마쳤다. 정말 하고 싶은 말은 가슴속에 있고, 입 밖으론 겉치레만 뱅뱅 돌다 헤어지게 됐다. 사실 남한에 온 비슷한 배경과 연령대의 북한이탈주민 친구들과는 이런저런 이야기를 속 시원히 해볼 수 있긴 하지만, 북한 체제에 순응해 살아가고 있는 북한 또래들과의 건설적인 대화도 필요하다고 생각했다. 여러 각도에서 대화를 시도해보았으나, 나는 혹시라도 문제가 생겨 나를 도와줄 사람 하나 없는 이곳에서 잡혀가면 어쩌나 하고 두려워하는 겁쟁이였기에 3대 독재 세습에 대해 정말 불만이 없는 건지? 전 세계에서 자유롭게 여행할 수 없는 대표적인 나라가 북한인 건 어떻게 생각하는지? 탈북의 횟수와 강도에 따라 처형까지 이뤄지는데 인권적인 측면에서 문제가 없다고 생각하는지? 등의 핵심적인 이야기들은 늘 할 수 없었다. 그것들은 여전히 가슴에 남아 있는 질문들이다.

그 체제에 속해 있으며 그 체제를 떠날 생각이 없이 살아갈 그들에게 던지고 싶은 질문들. 개성공단이 그렇게 갑작스레 폐쇄될 줄 알았다면, 마지막 날 눈 딱 감고 쏜살같이 물어보기나 할 걸 그랬다. 서로의 다른 생각이 공존할 수 있는 건강하고 다양한 사회. 부디 통일을 통해 그런 세상이 이뤄졌으면 좋겠다는 생각을 진심으로 한다.

1월 6일 핵실험, 그리고 현관문 앞 북한 배달부들

신년이 밝았다. 이날은 신년을 맞아 남한의 본사에서 직접 사장님이 개성에 오는 날이었다. 괜히 북한 성원들도 긴장을 했다. 식사 메뉴는 짬뽕국에 탕수육이었다. 탕수육은 성원들이 가장 좋아하는 음식이다. 북한 성원들은 탕수육을 열심히 튀기며 좋아하고 있었다. 즐겁게 고기를 튀기고 괜히 맛본다고 서로 한 입씩 입에 넣어주고, 튀김하는 언니 힘들다고 막내는 찬물을 한 컵씩 가져와 건넨다. 돼지고기 튀김 냄새에 다들 잔칫날 같은 분위기로 조장 선생과 반찬 얘기도 하고 평화로웠던 바로 그 순간, 전화가 왔다. 남한에 있던 신랑이었다.

"무슨 일이야?" 하고 물으니 아무런 설명도 없이, 계속 괜찮냐고. 아무 일 없냐고, 아무 일 없었으면 좋겠다고 했다. 다시 한 번 무슨 일이냐고 물으니 말끝을 흐린다. 그저 괜찮냐고 계속 물어본다. 계속된 나의 물음에 그제서야 남편은 뭔가 일이 생긴 것 같다며 말을 한다. 아무 일 없이 근무 잘 하고 있다고, 괜한 걱정 하지 말고 궁금하니 더 자세히 말해보라고 했다. 그제서야 북한에서 핵실험을 했다는 뉴스가 나오고 있다고 알려줬다.

그 순간 산달이 다 되어가는 향이의 부른 배가 보였고, 웃고 있는 성원들의 얼굴이 보였다. 머리가 멍하고 마음이 아파왔다. 여기는 아무 일도 없고 사람들도 다 조용하고 무사하니 걱정하지 말라고 신랑에게 말하고 전화를 끊었다. 아무렇지 않은 얼굴로 웃으며 하던 일을 다시 시작했다. 하지만 나비효과처럼 그 순간부터 모든 것이 달라지기 시작해 개성은 급작스레 폐쇄되었다. 남북에 수많은 실업자들을 만들어내고 남북관계는 얼어붙었다.

버스운전수, 안내실 수희 등 북한 사람들과 얘기해보면 그들은 핵을 선전하고 실험하는 것이 반드시 필요하다고 여겼다. 과연 그 상황에 대해 다면적으로 입체적으로 생각해본 적이 있을까 싶은 말들만 한다. 그로 인한 세계적인 파급력에 대해서는 생각하지 않았다. 단편적인 생각들이 정말 답답했다. 향이의 저 뱃속의 아기가 태어나는 세상은 도대체 어떻게 될까? 과연 통일은 가능할까? 이렇게 핵개발을 지속하는 북한과 남한의 관계는 어떻게 될까?

개성에 들어와 핵실험 뉴스를 접한 사장님 일행은 사무실에 들어오지도 않고 바로 남한 가는 출경선으로 가버렸고, 이미 개성에 있으면서 목함지뢰 사건 등을 겪은 나는 어려운 마음으로 북한 사람들과 이런저런 대화들을 했다. 수희는 아주 똑똑하고 사상이 투철한 아이다. 나에게 물어본다.

"도대체 우리가 자주 방어를 위해 핵실험 한 것이 왜 문제가 되나요?"

그리고 다시 한 번 6.25 전쟁은 남한의 북침이며, 민족해방전쟁이라고 했다. 인권에 대한 얘기도 했는데, 인권이라는 것은 그 사회를 사는 구성원이 느끼는 것을 토대로 해야지 외부에서 한 사회의 인권이 문제라고 말할 수 없다는 주장을 했다. 나는 드디어 말했다.

"지금 북한 사회를 구성하고 있는 사람들이 이것이 평등하다 불평등하다 느낄 만큼의 정보를 알 수 있는 자유가 없는 것이 문제다. 가장 기본적인 이동, 이민 같은 자유도 없지 않느냐. 같은 사회주의국가인 중국도 다 되는 인터넷도 되지 않고, 왜 이곳은 이렇게 제한적인 것이냐. 외부에서 보면 기본적인 자유를 제한받는 걸로 볼 수밖에 없고, 그 자유에 대해 이야기할 수조차 없는 것은 결국 기본적인 인권의 문제와도 결부된다."

그녀는 기가 차고 어이없는 표정으로 나를 바라봤지만, 나는 안타까운 마음은 그냥 속에 두고 매끈한 표정으로 가보겠다고 말하고 사무실로 돌아왔다. 말이 통하는 친구들이 보고 싶었다. 가족들이 무척 보고 싶은 날이었다.

드디어 말을 했다 싶으면서도 불편하고 약간은 불안했다. 급식소 운영이 끝나고 북한 직원들은 식사를 하게 하고 나는 빈속으로 집에 갔다. 컵라면을 먹어볼까, 에잇 귀찮다 하다가 갑자기 치킨 생각이 났다. 겨울부터 개성에 새로운 치킨집이 생겨 배달이 가능해졌다. 식당에서 성원들에게 맛보인 적이 있어 개성 치킨의 사장 아주머니가 직접 치킨을 들고 숙소로 배달을 오시겠거니 했다. 21달러짜리 마늘양념치킨을 주문했다. 30분이 흘렀을까. '띵동' 하는 소리에 현관으로 나가보니 북한 사람들이 현관문에 서 있었다. 보통 남한 사람 숙소를 볼일이 없는 북한 사람 둘이 웃으면서 말했다. "닭 왔습네다." 한 사람은 운전수로 보이는 40대 남성이었고, 한 사람은 20대 중반의 여성이었다. 닭을 받으려고 열린 문으로 살짝 보이는 내 방을 두 사람이 조심스럽게 들여다보는 게 느껴졌다. 쩌렁쩌렁하게 울리는 TV 소리, 밝은 불빛을 쳐다보는 것이 느껴졌다. 계산을 마치자 영수증을 주고 떠나던 그들을 보며, 나는 통일된 미래에 와 있는 기분이었다. 세상에! 내 방문 앞까지 북한 사람이 치킨을 가지고 오다니. 너무 신기하고 얼떨떨해서는 TV 앞에 앉았다. 한 입 베어 문 치킨은 아직도 따끈하고 바삭바삭했다. 이 신기한 사실을 남한에 있는 친구들에게 말해주고 싶었다.

"나 치킨 시켰는데, 북한 사람이 배달해줬다? 진짜 신기하지?"

방문 밖에 북한 사람이라니! 아마 그들도 신기했을까. 방문 안에 남한 사람이라니! 북핵 실험으로 한반도 남북 군인들이 서로 총부리를 겨누고 있는 휴전선을 지나 개성의 한 숙소에서 나는 북한 사람이 미소 지으며 배달해준 치킨을 먹으며 혼자 평화로운 기분을 느꼈다.

약 한 달 후 다시 모든 것이 막혔다. 개성공단은 2016년 2월 10일 중단되었고, 여전히 북한 사람들은 그곳에 있다.

개성으로 들어가기까지

나의 이야기는 어느 봄날, 파키스탄 가리하브빌라의 천막촌에서 시작된다.

2005년, 파키스탄은 규모 7.6의 큰 지진으로 한 도시 전체가 다 무너져 폐허 더미가 되었고, 나는 2006년 봄이 시작될 무렵, 그곳의 무료급식소에서 보름간 봉사활동을 했다. 서울에서 쭉 자라 네모 반듯한 도시에 쭉 뻗은 도로만 보다가 파키스탄에서 비포장도로를 처음으로 봤다. 낡고 덜컹거리는 버스를 타고 시뻘건 흙길을 지나, 가도 가도 헐벗고 붉은 산뿐인 높고 아슬아슬한 도로를 달렸다. 그 밤 새벽에 도착한 가리하브빌라의 밤하늘은 보석을 뿌려놓은 듯 은하수로 반짝였다.

아침에 일어나 해가 뜨고 밝은 시야로 바라본 그곳은 아비규환이었다. 천막촌이 끝도 없이 이어졌다. 뒷짐 지고 체면을 차리는 남자들, 외부인에게 함부로 다가오지 못하는 여자들을 대신해, 눈이 맑고 씻지 못해 이가 버글거리는 작은 아이들이 아침마다 깡통을 들고 세 끼분의 식사를 받아 가기 위해 찾아왔다. 상하수도 시설이 당연해 늘 청결을 유지할 수 있던 대한민국에서 태어난 나는 난생처음으로 보름간 샤워를 하지 못했다. 그리고 씻지 않은 사람에게서 나는 냄새가 어떤 것인지 정확하게 알 수 있었다.

놀 거리가 없어 돌을 가지고 놀다가 눈가를 찍어 피가 나는 아이들을 보면서 안 되겠다 싶었다. 미리 연습해 간 파키스탄 국가를 리코더로 연주했다. '아리랑', '학교종이 땡땡땡' 등을 부르고 함께 춤도 췄다. 함께 신이 나서 놀고 있는데 긴 장총을 찬 눈이 매서운 파키스탄 군인이 다가왔고 나는 얼음이 되어 슬그머니 리코더를 내려놓았다.

열여덟 살밖에 되지 않았지만 히말라야 산맥의 강한 자외선에 서른여덟은 되어 보였던 그는 내게 아주 정중하게 말했다. 한 번 더 부탁한다고. 그들의 국가를 한 번 더 연주해 달라고. 그리고 아이들에게 '이게 우리나라 국가다. 잘 들어라' 하며. 언제 다시 이 아이들이 국가를 들을 수 있을지 모른다고도 말했다. 어느 날 몸집이 큰 파키스탄 장군이 헬리콥터를 타고 멀리서 왔다. 그리고 자기네 나라를 도와줘서 고맙다며 천막에서 강연을 하겠다고 했다. 과자도 대접받았다. 껍질을 보니 UN과자였다. 훗날 UNWFP에서 일하며 이것이 파키스탄 아이들에게 전해져야 했던 구호식량인 것을 알게 되었다.

그 봄 입술이 부르트도록 불렀던 파키스탄 국가는 여전히 잊히지 않는다.

보름 내내, 밤에는 히말라야 산맥에서 올라온 한기로 뼈가 시리고, 낮에는 고지대 자외선에 얼굴이 뻘겋게 익던 그 봄의 기억은 내 인생의 코어메모리다. 그때였다. 참 아이러니컬하게도 나는 그곳에서 내 부모가 태어나기도 전, 내 할머니가 집안 어른들 한 마디에 얼굴도 모르던 할아버지와 결혼한 지 얼마 안 된 어느 날 한반도에서 일어났다던 한국전쟁을 떠올렸다.

무너진 거리, 건물들, 그리고 천막촌, 깡통을 들고 밥을 얻으러 다니는 아이들의 얼굴이 매일 만나던 파키스탄 아이들과 겹쳐졌다. 그리고 여전히 분단된 조국에 대해 처음으로 진지하게 생각하게 되었다. 나와 같은 말을 쓰고, 김치와 냉면을 먹고, 함께 항일운동도 했을 그 땅의 사람들이 궁금해졌다. 연일 뉴스에서 나오던 북한의 기아문제를 떠올렸다. '언젠가 통일이 되는 과정에 나라가 다시 폐허가 되지 않을까? 서로에게 총부리를 겨누는 일이 또 일어나지 않을까? 누군가 통일이 되는 과정들을 준비해야 하지 않을까? 그렇다면 그런 일들을 나도 준비하고 싶다.' 하고 깊게 고민하게 되었다.

당시 읽던 책 『지도 밖으로 행군하라』라는 책에는 '구호현장에 올 사람들은 전문가여야만 한다'는 내용이 있었다. 그 중 '영양전문가', '영양'이라는 단어가 여러 번 눈에 들어왔다.

그때 결심했다. '영양전문가가 되자. 그리고 기아문제로 고통받고 있는 북한의 어린이들을 돕자.' 이후 한국에 돌아가 영양학을 본격적으로 공부하고 영양사 면허를 땄다. 하지만 막상 학교를 졸업한 후 취업을 준비하니 남북교류는 끊어진 상태였고, 북한 관련 일자리는 찾기가 힘들었다.

하지만 나는 통일과 관련된 일을 하고 싶었다. 간절히 원했다. 계속 일자리를 찾아보던 중 통일부에서 사무원 공고를 보고 지원해 운 좋게 입사했다. 태극기로 둘러싸인 광화문 정부중앙청사로 첫 출근을 하던 날의 감격을 잊지 못한다. 드디어 첫발이었다. 그토록 원하던 통일을 준비하는 일이 이제 시작이었다. 싱글벙글 웃으며 출근했다. 인수인계를 받은 업무는 사회문화교류 중 금강산 관광 관련 지원업무였지만, '박왕자 씨 사건'* 으로 교류가 거의 일어나지 않았다. 하지만 그곳에서 정부 각 부처, 특히 통일부에서 각 부서가 어떻게 통일을 준비하고 있는지, 어떤 유관기관들이 움직이고 있는지, UN과 각 NGO단체들은 어떻게 일하고 있는지 배울 수 있었다.

그곳에서 만난 인연 중 특히 UNWFP** 한국사무소 소장님과의 인연은 특별했다. 통일부에 강연 온 소장님은 북한 영양

---

* 박왕자 씨 사건: 2008년 7월 11일 새벽, 금강산 관광지구 군사경계선에서 인민군 초병에 의해 대한민국 국적 박왕자 씨가 피살된 사건

** UNWFP(UN세계식량계획): 전 세계 기아 퇴치를 위해 세워진 국제연합(UN)의 식량원조 기구이다. 1995년 10월, 북한 평양에 상주 사무소를 연 이후 북한에 대한 식량 지원도 활발하게 하고 있다.

전문가가 되고 싶다고 말하는 나에게 영양학을 석사까지 심도 있게 공부하기를 권했고, 나는 바로 입시를 준비해 임상영양전공으로 대학원에 진학했다. 임상을 전문으로 공부하면 기아문제를 더욱 깊게 연구하고 해결할 수 있을 것 같아서였다. 이후 낮에는 광화문에서 직장 생활을 하고 밤에는 학교로 등교해 졸린 눈을 비비며 수업을 들었다. 때때로 너무나 전문적이고 어려운 데다 시간까지 부족해 마음에 부담이 어마어마했지만 그래도 언젠가 북한 땅에서 굶고 있을 어린이들에게 필요한 식량을 전하는 전문가가 될 수 있다고 생각하면 견딜 수 있었다.

학교를 다니는 일은 내게 정말 큰 기쁨이었다. 가장 성적이 좋은 학생은 아니었지만, 가장 설레는 마음으로 학교를 다녔다. 운 좋게 지도교수님께서도 북한영양지원 관련 논문을 쓰는 것을 지원해주셨다. 대학원 마지막 학기는 졸업을 위해 대학병원에서 임상영양실습을 진행해야 했다. 통일부를 뒤로하고 풀타임 학생으로 대학원에서 공부하고 병원에서 환자들 상담실습을 했다. 각종 암, 당뇨, 고지혈증, 간, 신장 등에 병이 있는 사람들을 위한 영양식을 연구하고 안내했다. 사실 내가 가장 하고 싶었던 것은 영양이 결핍된 사례들을 찾아 연구하는 일이었지만, 대한민국에서 찾기 어려웠다.

실습 후 UNWFP 한국사무소 인턴 실습공고를 보고 다시 가슴이 뛰었다. 그곳은 현재도 북한에 영양 식품공장을 돌려

유아원, 탁아소, 학교, 병원 등에 산모와 영유아에게 영양지원을 하는 기관이다. 그곳에서 경험을 쌓으며 논문을 마무리하고 싶었고, 감사하게도 기회가 주어졌다. 이후 일과 학업의 병행이 다시 시작되었다. UN에서 배포한 북한영양지원 관련 자료가 큰 도움이 되었다. 고난의 행군* 시기에 태어나거나 성장기를 보낸 북한이탈주민들을 대상으로 탈북전후의 식품섭취실태조사를 진행해 논문을 작성했다. 각 대안학교와 대학에 진학한 북한이탈주민들이 대상이었다.

설문을 시작하기 전 윤리강령에 대해 설명하고, 체크 후 맨 뒷장에 기도 제목을 적어달라고 했다. 기도해주고 싶은 마음이 컸다. 그들 대부분의 기도 제목은 가족 이야기였다. 가족의 무사, 건강, 생존에 관한 내용이었다. 설문을 정리하며 마음이 아팠다. 이제 그만 이 세대에서는 끝나야 할 아픔이라고 생각했다. 그렇게 눈물 같은 사람들의 증언으로 졸업논문을 작성하고 인턴 기간이 끝난 직후 그해 봄 북한에서 일할 영양사 면허증을 가진 사람을 찾는다는 공고를 보고 지원해 개성으로 떠났다.

---

* 고난의 행군: 북한이 1990년대 중·후반 국제적 고립과 자연재해 등으로 극도의 경제적 어려움을 겪은 시기. 2010년 11월 22일 대한민국 통계청이 유엔의 인구센서스를 바탕으로 발표한 북한 인구 추계에 따르면, '고난의 행군(1996~2000년)' 시기 실제에 근접한 아사자 수는 33만여 명이다.

이 글은 2015년 봄부터 2016년 초봄까지 북한의 개성공단 공업지구에서 영양사 일을 하며 사계절을 보낸 저의 주관적인 기록입니다. 멋지게 글 쓰는 재주는 없지만, 남한에서 성인기를 보낸 사람의 눈으로 바라본 그들, 북한 체제 속에 살고 있는 개성 주민들과 함께 교류하고 관찰하고 느낀 점을 진솔하게 풀어내고 싶었습니다.

설레는 마음으로 캐리어 가방 하나를 끌고 찾아갔던 개성에서 겪었던 1년간의 이야기는 때로는 아쉬움으로, 때로는 부끄러움으로, 때로는 그리움으로 가슴 한켠에 자리 잡고 있습니다. 그럼에도 불구하고 이 글을 세상에 내어놓는 것은, 언젠가 다가올 통일을 준비하고 싶어서입니다. 막상 우리가 서로 마주했을 그때 남한과 북한 서로의 생각과 감성과 언어를 이해할 수 있기를 바랍니다. 표면적으로 보이는 이면에 얽힌 그들의 이야기를, 그 당시 그렇게 말할 수밖에 없었을 그들의 상황을 이해하는 데에 조금은 도움이 되었으면 합니다. 이 글들이 100% 정답은 아닙니다. 길다면 길고 짧다면 짧은 그 북한 생활 속에서 어쩌면 저는 코끼리 다리 한쪽 만지고 돌아온 장님일지도 모르겠습니다. 하지만 이 책을 읽으실 누군가 각자의 분야에서 통일을 준비하고 얼굴을 마주하며 그 북한이라는 코끼리의 촉감을, 냄새를, 너비를, 몸체를 같이 찾아 서로를 더 투명하고 진솔하게 바라보도록 함께해주셨으면 합니다.

오늘 한 알의 씨앗을 이 글을 통해 심습니다. 작은 황금덩이 하나는 흙 속에 심겨 백 년, 이백 년이 지나도 그대로 황금덩이이지만; 작은 씨앗 하나는 흙 속에서 뿌리내리고 자라 나무를 키워내고 큰 숲을 이뤄냅니다. 그 숲에서 미래의 우리의 아이들은 더욱 평화롭고 화목할 수 있기를 진심으로 바라며 이 글을 마무리합니다.

읽어주셔서 감사합니다.

협성문화재단 NEW BOOK 프로젝트 총서

나는 개성공단으로 출근합니다

초판 1쇄 발행 2019년 12월 20일
2쇄 발행 2020년 1월 28일

지은이 김민주
그린이 박주희
기 획 (재)협성문화재단
부산시 동구 중앙대로 360(수정동) 협성타워 9층
t. 051-503-0341 f. 051-503-0342
발 행 산지니
등록 2005년 2월 7일 제333-3370000251002005000001호
부산시 해운대구 수영강변대로 140 BCC 613호
t. 051-504-7070 f. 051-507-7543

ISBN 978-89-6545-635-3 03300

* 책값은 뒤표지에 있습니다.
* 이 도서의 국립중앙도서관 출판예정도서목록(CIP)은 서지정보유통지원시스템 홈페이지(http://seoji.nl.go.kr)와 국가자료공동목록시스템(http://www.nl.go.kr/kolisnet)에서 이용하실 수 있습니다.(CIP제어번호: CIP2019048098)